光尘

LUXOPUS

Ca$hvertising

Drew Eric Whitman

[美] 德鲁 · 埃里克 · 惠特曼 / 著

焦晓菊 / 译

国文出版社

· 北京 ·

图书在版编目（CIP）数据

吸金广告 /（美）德鲁·埃里克·惠特曼
(Drew Eric Whitman) 著；焦晓菊译．-- 北京：国文出版社，2024．-- ISBN 978-7-5125-1659-5

Ⅰ．F713.80

中国国家版本馆 CIP 数据核字第 20249US381 号

北京市版权局著作权合同登记号 图字 01-2024-4182 号

吸金广告

作　　者	[美] 德鲁 · 埃里克 · 惠特曼
译　　者	焦晓菊
责任编辑	张　茜
出版发行	国文出版社
经　　销	国文润华文化传媒（北京）有限责任公司
印　　刷	文畅阁印刷有限公司
开　　本	880毫米×1230毫米　　32开
	10.25印张　　250千字
版　　次	2024年10月第1版
	2024年10月第1次印刷
书　　号	ISBN 978-7-5125-1659-5
定　　价	69.00元

国文出版社
北京市朝阳区东土城路乙 9 号　　邮编：100013
总编室：（010）64270995　　传真：（010）64270995
销售热线：（010）64271187
传真：（010）64271187-800
E-mail：icpc@95777.sina.net

让你的广告事半功倍

广告专家德鲁·埃里克·惠特曼这样说："怎样创造可以大赚一笔的强效广告？我保证——我教的方法比你的竞争对手在整个职业生涯中了解的还要多！"

亲爱的朋友：

你见过魔术师把一位女士锯成两半吗？见过表演者将长达 28 英寸[1]的刀子吞进嘴里吗？见过印度教大师赤脚走在滚烫的木炭上吗？这些在常人看来根本无法做到。但是如果你了解了它们背后的秘密，你也能做到。

创造强效广告同样如此！

就像那些身怀绝技的魔术师一样，广告专家也有自己独特的技巧。他们使用消费心理学中那些功效强大的方法，去影响人们阅读他们的广告，发疯似的购买他们的产品。实际上，纽约那些最有实力的广告代理商每天都在运用这些策略。无论他们的客户出售什么

1　1 英寸 =2.54 厘米。——译者注

产品，这些诀窍都屡试不爽。除此之外，这些策略百分百地合乎法律和道德，而且效果显著。

如果你乐意学，我就乐意教！

请买下这本有趣又轻松的实战指南。在愉快的阅读中，我会用各种技巧把你武装起来，教你如何把那些平庸、无效的广告、宣传页、推销函、传单、电子邮件和网页变成具有强大心理学效应的赚钱利器，帮助你快速发展业务。一旦你知道了这些秘诀，一切都将易如反掌！

书里见！

Drew

德鲁·埃里克·惠特曼

附：

我知道你会阅读这段附言。为什么这么说呢？因为对任何推销函而言，附言都是最重要的部分，而且，人们往往会在阅读信的主体之前先读附言。

切记：一定要利用附言重申你的意图，重复你的联系方式，并促使你的潜在顾客采取行动！现在，翻开书，开始阅读吧！

献给我亲爱的父母——鲍勃和艾琳，
感谢你们培养我从小对广告和商业的热情……
即使有时我应该做家庭作业。

献给我贤淑的妻子林赛，
感谢你支持我那些精彩的创意、古怪的计划
和那些常常让我彻夜不眠的独辟蹊径的商业冒险。

献给我的儿子蔡斯，
感谢你让我意识到生活中最重要的到底是什么……
让我放慢节奏，享受生活。

献给“广告巨头”盖瑞·亥尔波特，
在我还是个鹦鹉学舌的新手时，是你帮助我不断提高。

献给约翰·卡普尔斯，
感谢你教我懂得什么是精彩的广告。

献给沃尔特·韦尔，
是你的帮助和亲自指导，
让我在 1984 年第一次获得撰写广告文案的机会。

献给所有能发现我工作价值的人。

感谢你们！

德鲁·埃里克·惠特曼

2008 年 7 月

目 录

第三章 广告公司的秘诀：41 条百试不爽的销售技巧

前言

垃圾，垃圾，还是垃圾！

对于当今 99% 的广告，我都会给予这样的评价。它们愚蠢、乏味且缺乏力量，这样的广告印在纸上，简直就是浪费纸张。

我偏激吗？不，我只是实事求是。持这种观点的并非只有我一人。看看你的垃圾桶，在你收到的信件中，有多少还没打开就被扔到了里面？而那些被打开的信函中，又有多少在你只看了头几行之后就落得同样的下场？有多少电视广告说服你购买其产品？有多少电子邮件曾让你打开自己的钱包？又有多少网站曾让你厌烦透顶？

我毋庸赘言。

终极目标：广告是为了让人们采取行动

不管你是希望人们向你了解更多详情，还是通过 PayPal[1] 给你打款或掏出他们的信用卡，广告要获得成功，就得让人采取行动。因为广告不是报纸杂志，它不是新闻报道。如果你是记者，那你的

1　总部在美国加利福尼亚州圣荷塞市的在线支付服务商，用户可以使用电子邮件通过 PayPal 来收取或转移资金，避免了使用传统的邮寄支票或者汇款的风险。

工作就是报道发生的事情，报道的成功并不一定需要人们的回应。你要做的就是，让他们在了解准确信息的同时，获得某种程度的娱乐。

但是，如果你要写广告文案，那么你需要人们做的就不仅仅是阅读，不仅仅是惊叹一声："哇！多棒的广告！"然后将它丢进垃圾桶。你需要的是人们立即行动起来，下订单或索要一些旨在说服他们下订单的信息。我们不要自欺欺人，做广告的原因只有一个：赚钱。

你知道为什么现在的大多数广告都那么拙劣吗？因为当今广告业内大多数人根本就不知道什么东西能促使人们购买东西。信不信由你，反正这是事实。他们喜欢矫揉造作，耍小聪明，喜欢凭借广告的创意赢大奖，但这种创意除了让他们变得更加自负，浪费客户的钱财之外，别无他用。大多数广告人（及其公司）都不知道该如何引起人们的想象力，让人们主动购物消费。我曾经这样问我的导师、广告业巨擘沃尔特·韦尔："为什么现在的大多数广告都那么拙劣——甚至那些声名显赫的大公司制作的广告也不例外？"他用深沉的嗓音回答道："德鲁，他们对广告的了解不过尔尔。"

这就是我撰写本书的原因。揭开那些罩在愚蠢的废话和奢侈的神话上的面纱，清除那些满怀善意却深受误导的业界人士面前的障碍物，让他们彻底搞清自己广告失败的原因，从而创造成功的强效广告。

> 99%的广告都没有对产品的销售起到很好的促进作用。
>
> ——大卫·奥格威

怎样阅读本书：大师们的建议

有位美国记者去中国西藏采访一位佛教大师。两人坐下来喝茶。大师还没开口，记者就开始夸夸其谈地讲述他对人生的看法。

大师给他斟茶时，这位记者仍在喋喋不休。茶水很快倒满了杯子，并溢了出来，流得满桌子都是。记者终于停了下来，惊讶地问道："你在干什么？不能再往里面倒了！杯子里的水都溢出来了！"

"不错，"睿智的大师回答道，"这个茶杯，就像你的大脑一样，里面装满了无数的想法，都没有容纳新信息的空间了。你必须先清空你的大脑，才能装下新的知识。"

请敞开胸怀接受新思想，但不要轻信我告诉你的东西。

也不要轻易相信或怀疑你在本书中读到的东西。我甚至不希望你把我说的话当作最佳方法来接受。最重要的是，请别在读过本书后说："哇！德鲁·埃里克·惠特曼还真对自己的行当了如指掌！"然后就抓起薯条坐下来看重播的电视剧《宋飞正传》[2]。

---

2 20世纪90年代在美国流行的一部电视剧。

仅仅相信我讲的内容并不能让你赚钱。单是信念本身也无法让你丰衣足食。我的希望是，你使用我与你分享的技巧并体验由此带来的结果，体验一下你的业务和银行存款是如何增长的，体验一下越来越多的人用现金、支票、信用卡和 PayPal 账户向你付款时的刺激感觉。怎样做呢？你只需将下列原则付诸实践即可。

不管你销售的是什么东西，我都希望本书可以助你成功。有一天，如果你承认我教你的方法为你获得成功做出了哪怕一点点贡献，那么，我也就成功了。

导论

你想了解全球收入颇高的广告撰稿人所使用的鲜为人知的广告心理学原则和技巧吗?

如果你的回答是肯定的，那么本书将为你开启一个全新的世界。它会教给你那些只有说服大师们才知道的秘密。这些广告专家知道如何利用人们内心深处的欲望，促使人们打开钱包进行消费。本书会教你该做些什么以及怎么去做。

要点：本书将帮你赚到更多的钱。

不管你出售的是土豚还是面包干，都没关系。因为我马上会教你怎样像身价不菲的消费心理学家那样钻进潜在顾客的脑子里，怎样像能力过人的广告撰稿人那样了解并运用所有秘诀来影响消费者，让他们阅读报价并以掏出钱包购买的方式做出回应。

说服和影响

如果上面这两个词把你吓坏了，那请马上放弃阅读。真的，这意味着本书不适合你。(我只是在对你使用一种技巧。继续读吧，我也会教你如何使用它。)你知道，对于很多人来说，这两个词让人产生的联想是坏蛋欺骗毫无戒备的可怜公众。

> 只有在宣传罪恶时广告才是罪恶的。
>
> ——大卫·奥格威

事实上，我们每天都会受到这些技巧的影响。如果恰当地利用它们来宣传优质的产品和服务，那完全是合法的，也是合乎伦理和道德的。

问题：当你走进一家 4S 店时，你真以为自己只是去跟销售代表随便聊聊吗？如果你这么想，那就错了。一名熟悉业务的推销员是精通心理沟通策略的大师，而你很可能不是。推销员的目标就是将你从“看客”变成“买主”。

当你一边闲聊，一边欣赏漆得闪亮的汽车，呼吸着车里真皮内饰散发出的芳香气息，对它达到 550 马力的引擎心动时，那个“好心”的推销员已经像读一本书那样看透了你的心思。

不管你喜欢与否，他都会用一系列说服技巧推着你一步步向前，并根据你的每一个反应，迅速做出调整——而你甚至对此毫无察觉！

（为什么说推着你，而非带着你呢？稍后我会在本书中详细解释。）如果你说 A，他就会说 B。如果你接着说 C，他就会跳到 D。你的一举一动都在他的预料之中，他早就预见了这一切。

听着：他的目的可不是跟你交朋友，也不是闲聊打发时间。他的目标是让你签署一份合法的销售契约，为他带来收入。

但你也别一惊一乍的，销售不就是这样嘛！如果你对这桩买卖感到满意，说不定还会从他那里购买下一辆汽车。（下次他可能就不用这么费劲地说服你了。）

同样，广告的目的也不是娱乐大众，而是说服消费者掏钱换取产品和服务。就和走进 4S 店时一样，大多数消费者对那些隐藏在广告背后的大量研究和心理学方法一无所知！你猜为什么？人家本来就不打算让消费者知道。

你在电视上看到、在广播中听到的广告可不只是一堆词语和声音的集合。它们都是融入了各种传播学策略的大杂烩，其目的就是让你从当前的旁观者心态转变为买主心态。

你知道吗？众多专业的消费心理学家团队会定期与广告公司交流意见，帮他们构思出能从心理甚至潜意识层面对消费者产生强烈影响的广告。这是真的！但也别一惊一乍的……广告不就是这么回事嘛！如果你对这次买卖感到满意，说不定还会再次购买。

你瞧，广告是传媒的一个子集。

销售是广告的一个子集。

说服是销售的一个子集。

而心理学是说服的一个子集。

前者都是后者的一种形式，而它们全都指向心理学：研究人类心理的学科。

“但我只是想告诉善良的人们一些信息而已，德鲁！我不想影响或说服任何人！”废话！我会证明你的这种想法完全就是废话。

假设你拥有一家比萨店。（不管你经营什么业务、从事什么职业——房地产销售、内科医生、律师、建筑工人、网络咨询师、承包商等——道理都是一样的。）如果你真的不想说服任何人，那你可以像下面的例子一样，在广告中简单描述出售的商品、价格以及你的地址、网址和电话号码：

朱塞佩出售比萨，价格：$9.99，地址：莫扎瑞拉大街 123 号
网址：www.BigCheeseD1sk.com，电话：（800）123-4567

但你绝不会这么做！为什么？让我来告诉你。

因为你不敢冒险让潜在顾客自己决定是否购买你的比萨。你更愿意替他们拿主意！（而这就是说服。）结果他们就会购买、购买、购买。（这也是说服和影响的最终结果。）

为了增强你的广告效力而研究心理学不是什么罪恶。它不过是教给你：

1. 人们想要什么。
2. 人们对自己的需要有何感受。
3. 人们为何要那么做。

一旦你了解了这些，你就能够：

1. 知道如何更好地满足顾客的需要。

2. 影响更多的人购买。

3. 让更多的人得到你的高质量产品。

4. 帮助他们过上更加满意的生活。

看见没？广告这事没那么坏，对吧？如果你从一种优质产品着手，那就更不是坏事了。当然，如果诱骗更多顾客购买某种用不到一个星期就坏的便宜货，那就是另一码事了。在后一种情况下，你需要的不是心理学，而是一支道德针剂。

最重要的是，如果你在自己的广告中过于胆小，就像现在的大多数广告发布者那样——那么，本书将对你大有裨益。准备好了吗？开始吧！

第一章

人们到底想要什么

丹尼尔·斯塔奇出生于1883年，是公认的美国一流广告和营销心理学家。他的《斯塔奇广告读者群报告》（*Starch Advertising Readership Reports*）开阔了人们的眼界。为什么？因为这份报告揭示出商家花了很多钱却没达到广告的目的。

“你觉得自己的广告很棒？”他明确告诉全美大型杂志的广告客户，“在那些杂志的读者当中，有超过半数的人都忽视了你那些自认为很棒的广告！”

“怎么会这样？”商家迷惑不解，“我们的广告很精彩……呈现了整个工厂，从几个非常独特的摄影角度展示了所有先进的设备，并介绍了我们的产品！”

斯塔奇继续猛烈抨击：“人们一点儿都不关心你那些冒烟的工厂！也压根儿不在乎你有多少员工，你的公司占多大面积。他们都懒得扫一眼你的先进设备，以及你那些‘独特的摄影角度’！”

与商家预想的恰恰相反，斯塔奇的研究表明，人们最关心的是——他们自己！

人们关心的是什么产品对他们有用，以及怎样让他们的生活变得更美好、更幸福、更充实。多么惊人的发现！但是，这难道不是常识？难道在商家中这些不是人尽皆知的东西？如果我们这么想，那就错了。

只需看看你的周围便可知。看看现在报纸和杂志上的广告，研究一下那些电视和广播中的广告，到网上看看，到你的电子邮箱瞧瞧，你会发现，你我心目中的常识……显然并未被所有广告人熟知。

丹尼尔·斯塔奇的发现至今已经近百年了。昔日的广告研究者或许此刻正在自己的坟墓里高呼：“你们到底学到点儿什么没有？！我们奉献了那么多年的光阴，研究怎样让你们的银行账户暴涨。睁开你们的双眼吧！”

唉，真让人泄气。事实上，人们什么都没学到。今天的大多数（是的，大多数）广告人仍然没有掌握这条基本规律：人们对你毫不关心，他们关心的首先是自己。

1935 年，H.E. 沃伦写了一篇标题为《购物缘由分析》（*How to Understand Why People Buy*）的文章，每个广告人和推销员都应该读两遍。他在文章中提出：

> 要理解人们为什么购物，我们首先应该了解人，敏锐地认识到人类的本性。我们应该弄清人们是怎么想的……他们怎样生活，并熟悉那些影响其日常生活的道德准则和习俗……我们应该全面了解他们需要和缺乏什么，并能够区分二者。要理解人们购物的缘由，就要熟悉那些已经得到证实和检验的消费心理学原则。

好啦，我们已经了解了足够的背景。现在让我们开始学习吧。首先，我会把消费心理学的 17 个基本原则教给你。当你明白它们是如何发挥作用的时候，我就会教给你 41 条激发顾客反应的广告技巧。它们简单易用，但又鲜为人知。这些技巧有很多都融入了17个原则中的一个或多个，另一些技巧则会向你介绍某些专门用于广告文案撰写和美术设计的心理学理论。最棒的是，我会告诉你怎样在推销广告中运用这些技巧提升销售额。

抛开其他的一切，人们真正想要的在这里。

研究消费的学者和心理学家知道人们想要什么，他们对这个主题已经研究多年。尽管不是所有研究人员都能完全一致地赞成每个发现，但他们确实弄清了人类共有的8种基本需求。

我把它们称为“八大生命力原力”（Life-Force 8；缩写LF8，简称“八大原力”）。由这8种基本需求带来的销售额比其他所有人类需求带来的销售额加起来还多。下面我就逐个介绍。你要了解它们，利用它们，并从中获得收益。

八大生命原力

人生来就有8种基本需求：

1. 生存、享受生活、延长寿命。
2. 享受食物和饮料。
3. 免于恐惧、痛苦和危险。
4. 寻求性伴侣。
5. 追求舒适的生活条件。
6. 与人攀比。

7. 照顾和保护自己所爱的人。

8. 获得社会认同。

谁不赞成这些东西呢？我们全都想得到它们，不是吗？但在你的广告中，你有几次公开对这八大原力中的一种或几种加以利用了呢？我敢打赌，就算你利用过，也没几次。为什么我这么怀疑？原因很简单：其他人不可能教过你这么做。

听着：当你创作的广告是依照这八大原力中的任何一个来吸引人们的话，你就接入了大自然母亲的力量，了解了生命动力的本质。每个人都无法逃避自己的八大原力。人们生来就有这些需求，并且这些需求会一直伴随人们左右，直到生命的终点。例如：

* 你能摆脱进食的欲望吗？（LF8-2）
* 你能压制住自己的生存意志吗？（LF8-1）
* 你能轻松地扑灭自己追求生活舒适的欲望吗？（LF8-5）
* 当你的孩子在外面时，你能不担心他过马路之前是否注意路上的车辆吗？（LF8-7）

你不需进行任何研究就能回答这些问题，答案显而易见。这些需求已经编入我们每个人的生理程序。人之为人，这些需求是不可缺少的部分，它们是强劲的动力。聪明的广告人能通过广告内容唤起人们的这些需求。

关于需求，你能从一位大师级书商那里了解到什么?

说到通过卖书挣钱，直邮营销专家霍尔德曼·尤利乌斯精于此道。在 20 世纪二三十年代，他的图书销量达到 2 亿册，并使用了近 2 000 个不同的书名。它们都是一些很简单的小书，每本书售价都是 5 美分。为了宣传他的书，他在每本书的书名旁都加了广告。如果某本书销量不好，他就会更换一则广告，但不是你想象的那种方式。实际上，他连那些书名都换了！然后他就坐下来研究读者的反应。

看看吧，当他根据八大原力更换书名时发生了什么。

旧书名	年销量	新书名	影响年销量的八大原力
《十点钟》（*Ten O'Clock*）	2 000	《艺术对你意味着什么》（*What Should Art Mean to You*）	9 000（LF8-8）
《金羊毛》（*Fleece of Gold*）	5 000	《追求金发情人》（*Quest for a Blonde Mistress*）	50 000（LF8-4）
《矛盾的艺术》（*Art of Controversy*）	0	《怎样合乎逻辑地辩论》（*How to Argue Logically*）	30 000（LF8-6）
《卡萨诺瓦情史》（*Casanova and His loves*）	8 000	《千古第一情人——卡萨诺瓦》（*Casanova, History's Greatest Lover*）	22 000（LF8-4）
《格言警句》（*Apothegms*）	2 000	《人生之谜的真相》（*Truth About the Riddle of Life*）	9 000（LF8-1）

根据霍尔德曼·尤利乌斯的说法，最有吸引力的两种欲望是性欲和自我改善的欲望。吃惊吗？我不吃惊。那么，就让我再问你一次：在你现在的广告中，有多少包含这些最有吸引力的欲望呢？当你接入这些人类固有的欲望时，你也就控制了那些每时每刻驱动人们的情感动力，而它们是不可阻挡的。

人们因为情感而购买商品，并用逻辑证明其正当性。故而要通过触及人基本的欲望和需求来激起情感反应。

——阻滞力的七个原则

摘自《扬雅广告公司旅游创意研讨会》

9 种后天习得（次要）的人类需求

也许你已经看过了人类的 8 种基本需求，然后想："见鬼，我想要的不止这 8 种东西！"当然不止了，我们还有其他很多需求呢。我们想要自己外表漂亮，身体健康，接受良好的教育，做事效率高，等等。（难道你不想？）这些都被称为次要需求或后天习得的需求，已经有 9 种此类需求得到了确认：

1. 获取信息的需求。
2. 满足好奇心的需求。

3. 保持身体和周围环境清洁的需求。

4. 追求效率的需求。

5. 对便捷的需求。

6. 对可靠性（质量）的需求。

7. 表达美与风格的需求。

8. 追求经济（利润）的需求。

9. 对物美价廉的商品的需求。

这些次要需求也非常强烈，但还不能和八大原力同日而语。这些次要需求不是与生俱来的，而是后天习得的。作为影响他人的工具，它们也不像八大原力那么能来钱，因为没有生理上的驱动力来迫使我们满足这些需求。（把这句话再读一遍。）对人类的欲望而言，生理才是说一不二的君主。再没有比接通某种让你无法摆脱的欲望更有威力的了。这就像跳上一列高速行驶的列车：一旦上去，你无须动一根手指就能让它移动——已经在飞了！

试想一下，你会首先对哪种欲望做出回应：是购买一件新衬衣，还是从一座着火的大楼里逃出来？如果你是单身男性，那么，是驱动你收拾好桌子的动力大？还是驱动你跟那位每天午餐时和你的意中人调情的动力大？你会首先保护自己的爱人免受一个疯狂攻击者的伤害，还是忽视那种攻击而到商店购买壁纸？答案显而易见。有趣的是，关于八大原力，我们甚至都不知道——或者质疑一些欲望。上面这些例子应该可以让你更好地理解为何八大原力如此强大，为什么在广告中利用它们会如此有效。

不过，到底什么是需求呢？它是你在某种需要无法得到满足时感觉到的压力。例如，如果你饿了，就会产生进食的压力，触发食欲（LF8–2）。如果你看到一个外表猥琐的中年男子跟你 8 岁的女儿在网上聊天，你就会产生保护孩子的压力，触发你阻止她使用互联网的欲望（LF8–7）。如果你办公室的椅子刚用 10 分钟就弄伤了你的背，你就会产生寻求舒适的压力，触发你购买一把新椅子的欲望（LF8–5）。

因此，需求与它带来的结果之间的关系是这样的：

压力—需求—满足需求的行动

简言之，当你唤起人们八大原力的欲望时，你就创造了一种动力，激发他们尽快采取行动以满足那种欲望。

现在，有一个特别有趣的事实，对我们广告人来说尤其重要。我们在满足自己的八大原力时会感到愉快。不仅如此，当看到别人满足这些欲望时，我们同样也会感到愉快。这是对八大原力的欲望得到满足而产生的一种共鸣。

例如，看到消费者乔治·文森特能够使用一种全新的房地产投资方法来还清他的所有债务，我们就会想象一个自己的账户——清清楚楚、详详细细地列清了我们的所有账单，我们一边笑着，一边大笔一挥，写下一张支票，满不在乎地抛给债主，同时仰靠在那把巨大的真皮椅子上，再把双脚搁到桌上，享受一种不仅没有债务还有大堆钞票存在银行里的生活。

听起来很棒，不是吗？不过，你看到我刚才在做什么没有？通过使用一种既具体又形象的语言，我能够在你的脑子里安装一部精神电影。我们将在第三章的“秘诀 18：导演精神电影”部分更详细地探索这些精神电影。不过现在，你刚刚知道使用具体形象的词汇能赋予观众一种真实感，早在他们实际购买之前，就让他们了解真正与你的产品相互作用并享受你的服务所带来的好处——在他们脑子里演示其用途——是什么感受。这种间接体验的愉悦感就是说服的起点，因为对任何产品而言，消费者都是在大脑中初次使用它们。（停下来，把最后一句再读一遍。）想象使用某种你喜欢的东西会强化你对它的欲望。

例如，假设你喜欢冰激凌。如果你整个下午都想着晚餐时点一大份令人垂涎欲滴的奶油巧克力软糖圣代冰激凌，包括三大勺吉塔德薄荷巧克力片以及两大勺还冒着蒸汽、黑油油的奶油巧克力软糖、切得碎碎的湿坚果，盖上一层搅得蓬松如云团的奶油，顶上再放一颗红樱桃，那么，你自然比没想着它时更想得到它。如果这个欲望足够强烈，最终你就会采取某种行动。

请再次留意我的遣词造句，是如何导致你想象冰激凌、坚果、热腾腾的奶油巧克力软糖和一颗鲜红的樱桃漂浮在你的胃里。如果我换一种说法，把那段话写成：“你会采取某种行动，让你最终吃到它。”那么你的精神电影银幕就会变成一片空白。而且，你传递的信息越不形象，它在消费者大脑中占据的空间就越小，你也就越不可能对他们产生影响。让我用另一个例子把这一点说得再透彻些。

我们一起看看，一个平淡无奇、毫无影像力量的句子是怎样变成一部好莱坞轰动大片的。这个平淡无奇的句子就是：“到某个地方去做点儿事。”平淡得让人打哈欠。下面我们会把这个句子连续加以变形，每一次变形都会增加其视觉强度。这不仅是因为我们增添了一些词语和句子，也因为我们使用的词语非常形象。这些词语是我故意选出来在你脑中安装精神电影（生动画面）用的。

* 到某个地方去做点儿事。（这就像一块空白的电影银幕，上面什么形象都没有。）
* 到某个地方去拿点儿东西。（“做”很抽象，“拿”就更具体了。）
* 到厨房去拿点儿东西。（意思仍然模糊，但现在你知道去哪里了。）
* 到厨房去拿点儿食物。（啊，现在我们有点儿进展了。你看明白我是如何添加细节创造形象了吗？）
* 到厨房去，打开烤箱，拿点儿食物。（注意你是如何想象自己打开一个烤箱的。具体的措辞可以在大脑中植入形象，表示动作的词汇则会创造出移动的影像。）
* 到厨房去，打开烤箱，取出比萨。（非常形象。不管你想不想要，大脑中都会出现一块比萨的形象！看到它的力量了吗？如果我使用具体形象的词语，你就会忍不住在脑海中描绘出我写的东西。）
* 到厨房去，打开烤箱，取出一块你吃过的最新鲜、最松脆、最美味的热比萨。来吧，给你切上一大块。小心点儿，它很烫！现在咬上一口。说到松脆，做比萨的面团还是今天早上

新和的，然后放在抹有初榨橄榄油的黑色平底锅里烘烤，为的是让比萨拥有厚厚的芝加哥风味儿的饼皮。调味汁呢？当然是用多汁的圣女果现做的，而且加上了我从花园里精挑细选的新鲜香草。那些圣女果也是今天早上现摘的。至于奶油，那还用说嘛！当然是用最好的水牛奶做成的。很多很多耐嚼的全脂白干酪。就连炉子都是从意大利热那亚进口的。最后，把整个饼放在一个750℃高温的炉子里烘烤，简直尽善尽美。（好啦，为了证明我的观点，我真是绞尽脑汁才写出这些来。但愿你只需阅读我使用的词语就能体验到一连串丰富而具体的形象。）

我们将在“秘诀17：PVA——轻松提升广告文案感染力的方法”里进一步探讨如何使用生动形象的正面形容词的问题。现在，总结一下本章内容，你只需注意以下五点：

1. 人拥有8种基本的需求——八大原力（生存、享受生活、延长寿命；享受食物和饮料；免于恐惧、痛苦和危险；寻求性伴侣；追求舒适的生活条件；与人攀比；照顾和保护自己所爱的人；获得社会认同）。
2. 最具吸引力的广告都建立在这8种基本需求的基础之上。
3. 要在这8种需求的基础上创作出具有吸引力的广告，最有效的方式是写出具体形象的广告文案。它能让潜在客户在大脑中生动地演示你的产品或服务，生动得足以激发出强烈的欲望，最终促使他们选择你的产品来满足需求。

4. 现在你已经让他们想要满足自己的需求了，接下来的工作就是影响他们，让他们相信你的产品确实具有你所说的功效。这是信誉的问题，我们将在“秘诀 15：社会认同的心理学”和“秘诀 33：质保书——确保获得更高的回应率”中讨论。
5. 他们相信你。他们想要你的产品。该数钱了，对吗？错！你现在必须推动他们采取行动。我们将在“秘诀 19：与人类的惰性搏斗”中讨论如何让人们采取行动。随后，我还会在第四章的“促进顾客做出回应的 22 种方法”“让购买变得轻松的 13 种办法”和“提高优惠券兑换率的 11 种方法”里告诉你更多快捷的窍门。

现在，让我们看一下消费心理学的 17 个基本原则。在第二章里，我会把这些原则的具体内容、它们为何有效以及如何利用它们帮助你销售自己的产品和服务等一一教给你。

第二章

钻进顾客脑子里：消费心理学的 17 个基本原则

原则 1

挑战恐惧——利用恐惧心理赚钱

事实：你的家是一个藏污纳垢之地，里面有数百种细菌。当孩子在厨房地板上爬来爬去，将塑料玩具塞进嘴里的时候，细菌正伺机感染他。别笑！你知道一个细菌的细胞在 24 小时内就能分裂形成 800 多万个细胞吗？肉眼无法看见的各种微生物能导致形形色色的疾病，包括从脚癣到腹泻，从普通感冒到流感、脑膜炎、肺炎、鼻窦炎、各种皮肤病、链球菌性咽喉炎、肺结核、尿道感染以及其他许许多多的疾病。

解决办法：舒牌喷雾消毒剂。它能杀死家里一般接触表面上 99.9% 的细菌。每罐仅售 5 美元。

事实：不管你多么频繁地清洗床单，你的床都是昆虫的繁殖场，上面挤满了成千上万可憎的、形如虱子的尘螨，它们气势汹汹地占领了你的枕头和床单，在上面产卵，导致你和你的家人长年遭受过敏症的困扰。当你睡觉时，它们却醒了过来，开始到处跑来跑去，吃你的皮肤碎屑，吸你身体的水分。更糟的是，你知道吗？一个用过两年的枕头 10% 的重量都是那些死去的螨虫以及它们的粪便。这意味着你和你的家人每天晚上都睡在一个相当于昆虫厕所的地方，那里被它们活着和死去的身体，以及它们无所不在的肮脏排泄物所覆盖。

解决办法：Bloxem 防螨床罩和枕套可帮你减少与尘螨感染有关的各种过敏症。它们采用特殊纤维制成，编织紧密，阻挡了微小的尘螨进入你的床垫筑巢繁殖，让你的家人可以享受更好的睡眠。Bloxem 产品物美价廉：每张防螨床罩只需 60 美元，每个枕套只需 10 美元。数十家网上零售商皆有出售。

事实：你的小狗有可能成为可怕的动物美容套索的下一个受害者！这种巧妙的装置原本是给那些毛茸茸的小家伙剪毛时用来将它们固定到桌子上的，但有时它也会像刽子手一般害死小狗。如果小狗没有踏出桌子边缘，它就非常安全！但小狗只要踏错一步，就会扭断自己的脖子。

解决办法：请致电 Vanity ‘n’ Fur 动物美容院，美容师会满怀爱心给你的小狗梳妆打扮，绝不使用经验不足的美容师们每天冒险使用的危险机械装置——例如动物美容套索。

要点：人们的恐惧心理可以让你赚钱。它可以鼓动人们采取行动，促使他们花钱。事实上，社会心理学家和研究消费者的学者已经花了 50 多年的时间探索其效果。不管出售一块面包（它似乎很难算得上恐怖，直到你向人们展示精白面粉有可能致癌的研究报告），还是为无色一氧化碳的阴险本性描绘出一幅惨淡的画面（当你在某家宾馆里安安稳稳地睡觉时，它们穿过空调的排气口，将房间里的人杀死），只要广告的构思恰到好处，都能利用恐惧心理鼓动人们花钱。

可是，它为什么能够奏效呢？一言以蔽之：压力。恐惧带来压力。压力导致人们产生做点儿什么的欲望。错过一次大减价会造成失落的压力；选择合适的轮胎会导致关心个人安全的压力；没为你的新车选择侧帘式安全气囊会造成将来后悔的压力和身体受伤的幻想。恐惧意味着损失。恐惧描绘出了必须做出回应的画面。它告诉你的潜在顾客，他或她将以某种方式受到损害。这对人们持续追求自我保护的需要造成了威胁。这种让人受到损害的威胁不仅不易察觉，而且力量强大。

你能在自己的产品和服务中利用它吗？当然！如果你的产品可以为某种可怕的状况提供合适的解决方案。但这是否合乎道德呢？放心，只要你出售的东西能提供真正有效的解决办法，那就并不违背道德。某些产品能够平息恐惧，那推销它们并从中获利就并无不妥。

“哦，德鲁……这么做太过分了吧！你怎么能恐吓人们去买东西？！”

如果你想到或说出这样的话，那么请把我的导论再读一遍。我在前面说过，如果利用、说服和影响把你吓坏了，那你就该马上放弃阅读本书。因为本书没有足够的篇幅——而且我也没有这个意图说服你相信诉诸恐惧的手段所具有的道德性。我的意思是，我怎么可能说服你相信，在你出售刹车片更换服务时，或出售人寿保险、家用烟雾探测器、癌症保险时，利用顾客的恐惧心理是正当的？（这不是显而易见的事情吗？）单是提到这些东西——至少对我而言——就能让人的脑海中浮现出需要自我保护的可怕情景。如果那种自我保护是通过一个广告呈现出来的，而且广告中的产品恰好能挽救我的生命，防止产生痛苦或以其他方式帮助我更好地应付某种可怕的局面，那我欢迎这种做法。获得信息并迅速行动起来，小心应对，我对此并无异议。你呢？

要点：如果有可能利用人们的恐惧心理有效地出售某种产品或服务，那就意味着，针对那些引发恐惧的东西提供潜在的解决方案是这种产品或服务的固有特点。如果不是这样，不管你试图在人们心中引起多少恐惧，你都不会成功。

引起恐惧的 4 个步骤

好啦，你已经确定自己的产品或服务确实能够缓和某种能造成恐惧的问题，而且是使用恐惧手段的良好候选对象。为了让恐惧产生作用，你必须注意以下 4 个要素。

在《宣传力》（*Age of Propaganda*）中，作者普拉卡尼斯和阿伦森提出，具备以下条件时，恐惧心理最有效：

1. 把人吓得失魂落魄时。
2. 能为战胜那种引起恐惧的威胁提供具体建议时。
3. 对方认为推荐的行为能够有效地降低威胁时。

4. 信息接收者相信自己能够实施广告推荐的行为时。

这种策略的成败依赖于上述 4 个要素是否全部具备。缺少其中任何一个，都不会奏效！

此外，如果你在人们心里引起过多的恐惧时，结果就会适得其反，人们会吓得不敢采取行动。只有你的潜在客户相信自己有力量改变自己的处境时，恐惧才会激发他行动起来。这意味着，为了巧妙而有效地引起恐惧，你在广告中推荐的降低威胁的方法必须具体，既可靠，又有可行性。

假设你拥有一家空手道学校，向人们提供自卫训练。你能教人们像训练有素的保镖那样自信地走过充满暴力的最危险的街道，让他们能够对抗世界上最可怕、最丑恶的暴徒发起的最恶毒的攻击。事实上，你需要做的不仅仅是呈现惊人的犯罪统计数字，还必须让潜在客户相信，使用你教的方法，他们可以轻松地击退进攻者。如果忽略了这个关键步骤，那你获得的唯一结果就是把客户吓跑。你还必须（使用各种增强信心的媒介，如奖状、录像带、免费课程以及我们稍后将讨论的其他可信的提升手段）让客户确信，你提出的主张是真的有效，他们确实能够享受你许诺给他们的好处。（他们需要相信你，因为你正在提出一个很有吸引力的主张。帮助他们相信你，这是你分内的事。）

在利用人们的恐惧心理时，如果你针对的那种恐惧具体且得到了人们的广泛认可，那你会更加成功。例如，每个人都知道太阳会像烤火腿一样把人的皮肤晒黑，因此出售防晒霜要容易得多。相比之下，出售一种保护衣物免受紫外线破坏的洗衣液就要困难得多。为什么呢？因为很少有人关心紫外线对衣物的破坏。尽管这种恐惧确实很具体，但它并未获得人们的广泛认可。

听着：你的目标不是创造新的恐惧，而是利用已有的恐惧，不管它们是消费者最关心的，还是需要稍微挖掘才会发现的。

就拿我所说的“抗菌凝胶”为例吧。你或许知道它就是普瑞来消毒洗手液。我到哪里都带着它。如果出门的时候忘了带它，我就会陷入某种程度的恐慌。为什么？因为在 1988 年，生产这种灭菌液的公司戈乔工业最早将普瑞来引入饮食服务和医疗保健业。回想当时，甚至在此之前，我记得自己从未像现在这样，对接触公共场所的东西感到害怕。当然，我一直都很有健康意识：我总是在吃东西前以及其他任何需要的时候洗手。我知道细菌无处不在。尽管如此，在当时，保持双手相对无菌并不是我关心的问题，它还不是我优先考虑的事情。

回到 1997 年，当普瑞来进入消费市场时，你知道没有洗手是餐馆食品污染的首要原因吗？洗手？开什么玩笑？！ 2003 年，由美国微生物学会（American Society of Microbiology，缩写 ASM）组织的一项调查发现，很多经过美国主要机场的乘客在使用公共设施后都不洗手。使用机场公共厕所的乘客中，在纽约机场从不停下来洗手的超过 30%，在迈阿密机场有 19%，在芝加哥奥黑尔机场有 27%。根据同年由沃斯林全球公司所做的电话调查，只有 58% 的人在打喷嚏或咳嗽之后会洗手，只有 77% 的人会在换尿布之后洗手。

1972 年，《美国医学会杂志》（*The Journal of the American*

Medical Association）进行了一项研究：他们培养了来自 200 枚硬币和 200 张纸钞的病毒，在 13% 的硬币和 42% 的纸钞上发现了粪肠球菌和葡萄球菌，最后得出结论："钱真的很脏。"

1900 年，李施德林漱口水利用那个令人不快的词语"口臭"掀起了一阵热潮。在 1919 年的《妇女家庭杂志》（*Ladies Home Journal*）上，"奥多诺"（Odorno，这商标名多有才！[1]）止汗剂的广告文案撰稿人用了这样一个标题——《在女性臂弯里》（*In the Curve of a Woman's Arm*），这简直让人大跌眼镜，同时导致女士们对自己的"高雅品位"产生怀疑。戈乔公司用同样的手法对待细菌。他们拿细菌大做文章，让它成为一件需要考虑且令人恼怒的事情。这些广告都对人们造成了恐惧。结果，李施德林漱口水现在拥有了高达 53% 的市场份额。奥多诺也凭借那个特立独行的广告标题，将销量提高了 112%（尽管也导致 200 名女性由于厌恶那种暗示她们需要这样一个产品的想法而停止订阅这份杂志）。如今，戈乔的普瑞来是销量最大的洗手消毒液品牌，无数有细菌恐惧症的人到哪儿都会带着它，因为其个人便携装可以非常方便地挂在钥匙链上。（看到没有？他们把消除这种恐惧变得多么轻而易举。）

用恐惧来激发行动的一种常见方式是利用最后期限和稀缺性。诸如"限量供应""仅此一天促销"和"售完为止"之类的措辞和标语，具有警示消费者相信省钱机会千载难逢的效果，利用了第九

---

1 Odorno 是由"Odor"（气味，臭气）加"No"（不）组成的，字面意思是"拒绝臭气"。——译者注

个“次要人类需求”。最后期限的策略遵循这个原则，即向消费者提供了趁早出击购物的方式来解除那个“威胁”的方法。

然而，恐惧并非魔棒。吓唬吓唬人，介绍一下你的产品有哪些优点，然后就能悠闲地坐下来休息，等待大量订单从天而降吗？单是这些还远远不够。恐惧心理只是激发潜在顾客对产品加以深入调查的一种方式。明白了吗？你仍然需要让他们确信：你的产品为你刚刚引发的恐惧提供了行之有效的解决办法。你仍然需要说服并激发他们采取行动——拿起他们的钱包，访问你的网站，或拨通你的订购电话下单。别着急，我会在第三章教你怎样做所有这些事情——而且还不止这些，我们会讨论 41 种广告专用的技巧，其中融入了现在介绍的很多心理学原则。

原则 2

自我意识的变形——激发即刻认同

当你看到万宝路牛仔时，激发你换掉香烟品牌的是你的自我意识，而不是对那些填满烟草的纸管的渴望。

当你看到女装品牌“维多利亚的秘密”的模特披着她们如丝绸般柔滑的长发，目光犀利、动作飘逸地展示她们镶有花边的内衣时，激发你购买那身飘逸衣装的不是你对广告的崇拜，而是你的自我意识。

事实上，你有很多数目庞大的信用卡账单都可以归罪于你的自我意识。

普拉卡尼斯和阿伦森曾提出：“通过购买‘合适的东西’，我们（消费者）增强了自我意识，合理地消除了我们的不足。”这也就是自我意识变形和名利场魅力的基础。

想象一下！我们竟然能够通过购买商品来弥补我们个性上的不足。你已经听说过购物疗法了吧？作为广告人，我们实际发挥的作用是否可以比简单地为人们提供商品和服务更重要？我们是否可以真正地促进顾客的心理发展？

事实上，这种技巧可以让你为一种产品创造出某个形象或身份，从而吸引特定的受众群体，让他们感觉自己的形象符合那种产品，或者可以借由那种产品提升自己的形象。

你的目标是让消费者和产品的形象紧密地结合起来，让产品形象成为消费者自身身份的一部分。因此，你就是在将他们的自我意识加以“变形”以适应你的产品。如果你能通过精心挑选的形象来表现产品，那你就能说服潜在客户：在购买或使用你的产品后，他们就会立刻和这些形象联系起来。

用这种方式说服并不困难。你不需要费多少精力就能说服一个女人，让她想变得更加性感，更有控制权；或说服一个男人希望自己变得更强大、自信，对女性更有吸引力。这些都是每个人所固有的、与生俱来的欲望。由于你产品的大多数真正的潜在顾客已经相信自己拥有与之一致的思想和价值，或有培养它们的欲望（否则他们就不会成为真正的潜在顾客），因此，你只需把产品和这些与生俱来的欲望接通即可。看到没有？你是在出售一条轻松满足顾客需要的途径。对于那些相信自己已经拥有这些思想和价值的人，我们的产品也能帮助他们，给予他们表达自己对外部世界感受的方法。

这一切意味着什么？这意味着：致力于向潜在顾客展示他们想看的形象，无须劝说性的观点或证据，你就能投合他们的虚荣心和自我意识。例如，你不妨留意一下，奢侈品广告中使用的劝说性文字是多么多么的少。它们都是“感觉良好”的广告，会呈现一个精心制作的形象来激发人的欲望，进而对广告所宣传的产品产生情感反应。下面这个例子说明了一个真正的潜在顾客观看这种广告时是怎样做出购买决定的。

“哇——看看那个家伙，他穿着超酷的霍利斯特牌牛仔裤，身边簇拥着性感的姑娘。我也想要那种牛仔裤。”

别笑！只需这样就可以了。如果这不奏效，那霍利斯特和A&F（Abercrombie & Fitch）等很多零售商就不会花那么多钱做这样的广告了。（如果是这样，凌志、宝马、捷豹和大多数各种各样的高端产品也不会做这样的广告了。我提到劳斯莱斯了吗？是的，他们同样如此。）

这真的有用吗？看看香水和古龙水行业吧。除了在其产品中夹入纸片好让人们吸一点儿香气外，这些生产商只做过一件劝说潜在顾客购买其产品的事情：展示俊男靓女的照片，让我们以为他们都是顾客。在拍照片时，这些模特甚至都没喷香水和古龙水！这些广告有99.9%都跟它宣传的产品毫无关系。它只是一些影像，但生产商显然知道这样做很管用：2008年，古龙水的销售额达到16亿美元。女性香水呢？再加32亿美元。

这种投合人的虚荣心和自我意识的方法，在用于塑造那些芸芸众生心向往之的特征，如身体魅力、智慧、经济成功和性能力时，是最成功的。正如斯特克和博恩斯坦在《平衡理论》（*Balance Theory*）中提出的那样，如果向消费者呈现“正确的”形象，那么拥有这些特征的人会为了让人注意他们的自我形象而购买产品；而那些不具备的人则会为了让自己显得拥有这些特征而购买产品。

因此，考虑一下你的产品。拥有或使用它是否会暗示人们能够获得某些自己喜欢或值得炫耀的品质？你拥有一家空手道学校？那就突出那些在此操练的、不同人种的、魁梧的武打明星的名字，然后印制一些写着“我跟（在此插入著名明星的名字）一起训练”的 T 恤衫来出售，立刻就能投合人们的自我意识。

你是城里收费最高的宠物美容师吗？那就展示光顾过你的富人名流的照片，在名人先生或太太带着一只可爱的小狗踏出豪华轿车时给他们来张特写。“哦，是的……城里还有很多其他的美容师，但是！我只把我的小可爱托付给卡林顿斯。”态度虽然傲慢，但这立刻就会投合顾客的自我意识。

你是一名专业生产高档信封和婚礼请柬的印刷商？那就向人们宣扬一下有多少名人使用你的服务吧。哦？你说没有名人使用过你的服务？这个问题好办。向少数你最喜欢的当地名人，例如新闻主播或社交界、政治领袖，提供免费的服务。当他们接受以后，用最精美的纸张为他们制作 250 个带有抬头的信纸和信封……然后写下 ××× 使用过你印制的信纸。这立刻就会投合顾客的自我意识。

你们是一家保安公司？有什么大公司（跟你那些典型的潜在顾客相比，他们有更严格的安保要求）依靠你们去做保卫工作？你可以说：“为什么选择福特诺克斯保安公司保护住宅的当地银行总裁最多？”然后还有变体：“为什么选择福特诺克斯保安公司保护住宅的当地珠宝行老板最多？”

明白了吗？如果银行总裁和珠宝行老板依靠你们来保护他们的家人和他们最大的投资（他们的住宅），那么，作为普通的潜在顾客，我雇用你们来保护小住宅就会感觉很放心。这么做让我得以跻身于这些很有眼力的主管人员之列。同样，这立刻投合了顾客的自我意识。

回到劳斯莱斯。

问题：这样一家著名的英国汽车制造商——早在他们被宝马和大众吞并之前——会自我贬低到参与这样一个“操纵性的”计策吗？

答案：就跟牛蛙不会被水伤害一样，这是一个显而易见的事实。

想象杂志上的一个整版广告，它几乎只包括一张看起来像是曼哈顿某十字路口的大幅照片。从我们的视角俯瞰，一名司机正耐心地等待绿灯亮起。那辆漆黑发亮的劳斯莱斯敞篷轿车带有查尔斯·赛克斯爵士闻名全球的“欢庆女神”标志，这个展开双翼的银色吉祥物表明车主拥有良好的品位，且对卓越品质孜孜以求。司机穿着高档的职业装，显得自信而放松，无疑是某公司高管，心里正有无数“这个世界多么美好”之类的想法，目光直直地注视着前方。而在他的车左边，我们看到另一名与他年龄相仿的司机，这个司机整个脑袋都靠在左手上，羡慕地看着劳斯莱斯里的司机。就在那位“劳斯莱斯先生”把车停在旁边之前，他还感觉心满意足，而现在，他却在自己那辆梅赛德斯里局促不安地扭动。拿到决胜分了，比赛结束。

并不是任何行业都能使用这种驱动自我意识的方法。从本质上说，并非所有的产品和服务都适合开出这样的药方。但不必烦恼，还有其他许多技巧适合你的产品和服务。

就像一名神枪手透过步枪瞄准镜窥视目标一样，到目前为止，我们讨论的技巧针对的都是潜在顾客的内心态度和天生的心理敏感处。下面的技巧则通过将产品和服务跟那些象征着权威或威望的东西联系起来，从而影响消费者的行为。

原则 3

转移——通过渗透作用获得信誉

“我不明白！”那名广告人大叫，“这是我写得最好的广告！看看这漂亮的版面、美丽的照片！我的价格刚好合适，而且人们很容易就能下订单，非常方便。这家报纸的发行量很大，我知道读者能看到我的广告！而且这个产品真的会对人们有所帮助！可为什么就是没人下订单呢？！”

问题出在哪里呢？因为没有人相信他。

确实如此。不管你的广告、宣传册、推销函、网页、电子邮件或广播、电视广告做得多么精彩，如果你的潜在顾客不信任你，那就等于把做广告的钱冲进了马桶。你提供的信息必须可信，否则你就应该料到，结果会跟上文中那位灰心丧气的朋友差不多。

转移的策略包括（如果你愿意，也可以说是通过暗示）使用一些通常和权威或可敬的人、组织或机构相联系的象征性的标志、形象或观念，目的是说服潜在顾客相信你的产品和服务在某种程度上获得了权威认证。如果某种事物获得你尊敬的某个人或组织的认可，你的大脑立刻就会觉得它可信。同时，如果这是你需要且买得起的东西，你就会决定购买。

人的群居性使得大多数人都尊敬诸如教会、医疗机构、国家机构和科学机构等。当你在广告中融入这些组织的任一形象或标志时，你所获得的信任之强烈，远非提出具有说服力的论据所获得的信任可比。理想的策略是什么？让一家大众信赖的机构提供权威认证，这么做会立刻将他们的权威和声望转移给你的产品或服务。

例如，假设一个极其重要的新犯罪法案即将进行全民公投，但你还没有最后决定。这个法案听起来不错，但你不知道它是否真的能改变街头犯罪的状况，而这是它最关键的地方。此时，一份来自警察兄弟会的直邮传单投进了你的信箱，上面说他们全心全意支持这个法案，并请求得到你的支持，要你敦促你所在的州和地方的政治家们投票赞成它通过。因为你一直很尊敬该组织，甚至给它捐过几美元，所以现在你就更有可能支持这项事业了。“如果警察喜欢它，”你推理道，“那对我来说也就足够了。”你很可能还会想——有意识或无意识地——“我尊敬警察兄弟会，因此我确信他们已经彻底核实过该法案。那我就更有理由投赞成票了。”

你看明白是怎么回事了吗？人类的惰性（这是懒惰一词的委婉说法）让你为自己不用亲自深入研究而去寻找合理的借口。就这么简单。

高伦雅芙只是众多祛痘产品之一，但它是由歌手杰西卡·辛普森证实其疗效的。对于出现这种皮肤状况的女孩子而言，这样的担保具有足够的公信力。

桂格燕麦片在1877年首次用那个微笑的桂格会男子标志作为商标，从那以后，其销量就一直在增加。不幸的是，113年之后的1990年，萨克斯在《新英格兰医学杂志》（*The New England Journal of Medicine*）发表了那篇颇有争议的研究文章，对那种声称燕麦片和燕麦糠能够降低胆固醇的说法提出了质疑。幸好桂格公司已经在1987年发起一场由演员威尔福德·布利雷姆代言的新的宣传活动。他那种消除敌意、务实又直截了当的谈话，以及他“高度可信的举止”，都表明了这种燕麦的优点。桂格在经历了5年的销量下滑后出现了逆转。

如果你无法获得全面的认可——例如一份认证书——那么，通过聚焦于那些具有担保效力且人们广泛认可的标志，你也能够成功获得类似的效果。

就拿“《好管家》认证标志”来说。自1909年以来，这个不起眼的椭圆形标志在数百万消费者购买之前就向他们灌输了信心。这个标志只有经过《好管家》（*Good Housekeeping*）杂志审查并同意刊登其广告的产品后才能获得，是一种非常巧妙的概念。该杂志的出版商承诺，在购买那些获得该标志的产品两年之内，可为消费者退换有瑕疵的商品。这么做不仅为厂商在《好管家》上登广告提供了一个颇具附加值的诱因，也使它自身成为一个理想范例，证明一个值得信赖的机构的标志在潜在顾客付款之前就能够给他们安全感。就像质保证书一样，如果你把它构筑得恰到好处，这种标志实际上就可以帮你完成销售。（稍后我们将讨论更多有关质保证书的内容。）

最近，我为一个催眠师客户制作了一张巨大的明信片。他的潜在顾客对催眠行业的任何机构都不熟悉，但只需加上美国催眠师行会那个看起来非常权威的标志，就足以暗示：我这位客户作为该组织的成员，他的资质证书、从业经历和疗效是合法可信的。现在想想，那个标志真的具有那样的含义吗？当然没有。你的潜在顾客往往使用一种外围路径或非批判性的思维方式。当我们使用那些暗示或表示权威、赞成、接受或认可的标志时，发挥作用的同样是那个“说服他人的捷径”。有趣的是，我敢打赌，在接到那些明信片的人当中，100 个人里面都没有一个听说过美国催眠师行会。但多亏了那条说服他人的外围路径，对大多数消费者而言，只需要增强他们的信心，这就足够了。

简要地说，这个过程是这样发生的：

1. 你的潜在顾客看到了一个可信赖的标志（商标、认证书以及诸如此类的东西）。
2. 他们对你的产品宣传就不那么怀疑了。

使用那些被人们普遍接受的医学和科学的权威形象也能制造出同样的转移效果。宣传分析研究所的一些研究表明，凭借穿着白大褂的“专家”出示医学统计数据的简单形象，商家就能利用公众对医生的认可来影响消费者的行为——不管支持还是反对一种产品，道理都是一样的。难怪那么多宣传医疗保健产品的广告都突出了穿着白大褂、外表威严的男子形象，这样可以立刻获得信任！这些商家知道，你很可能会把自己对医生的感觉转移到他们的产品上。这种可预知的组合拳大多数时候都很有成效。

“好啦，德鲁，例子够多了。可是我该怎么使用这个转移原则呢？”

很简单，想想你的行业中有哪些人物和机构拥有较高的声望，如果能让他们支持你的业务、产品或服务，你就能利用人们对他们的信任进行转移。具体的操作方法，请参阅本书中的“秘诀 15：社会认同的心理学”。

正如转移原则所示，那些能够广泛吸引消费者的策略就能获得高度成功。接下来，让我们探索一下“群体说服”的原则。

原则 4

从众效应——给顾客一个起跳板

事实：人类是社会动物，有寻求归属感的强烈心理需要。

很久以前，我们的祖先就已经明白，为了将自己的生存机会最大化，把拥有类似想法的个人组成群体是最有利的。因此，他们生活在一起，成群结队地狩猎，在群体中互相保护。对于整个部落的成功，每个人都扮演着至关重要的角色。当群体进食时，你也进食；当群体睡觉时，你也睡觉；当群体收拾行李搬家时，你也跟着搬家。如果群体灭亡……你明白自己会怎样。

尽管在现代社会中人们不再以这种方式生活，但属于和认同某个群体对我们的幸福仍然至关重要。我们需要朋友、爱情，还有婚姻和孩子。我们加入各种社交俱乐部，参与各种社区活动，参加各种宗教仪式，并组建各种商业组织甚至街头帮派。我们还常常穿戴表示我们所属协会的衬衫和帽子，这让我们感觉自己被接受、有价值且举足轻重。

事实上，根据心理学家亚伯拉罕·马斯洛提出的那个著名的“人类需求层次”金字塔，归属的需求是仅次于生理需求（衣、食、住）和安全需求（安全、稳定和免于恐惧的自由）的第三大需求。一旦前两种需求得到满足，归属或爱就成为我们最优先考虑的事情。这是我们与生俱来的八大原力。这也是精明的广告商们说服顾客的另一个可乘之机。

3 种群体

心理学家告诉我们，人类社会存在 3 种主要的群体：

1. 崇拜性群体——你希望加入的群体。
2. 联合性群体——与你有相同理想和价值观的群体。
3. 疏远性群体——你不想加入的群体。

通过将产品和服务与上述 3 个群体中的任何一个或几个联系起来，就能说服你的潜在顾客根据他们认同或希望认同的群体来做出决定。

这个策略利用了说服他人的外围路径，即肤浅的思维路径。（还记得我们早先讨论过这个问题吗？）那是因为消费者的购买行为主要是基于自己的归属感，而不是完全基于产品的优点。成为群体中的一员的需要，是一种强烈的心理驱动力。在追求这一目标的过程中，大多数消费者都会将这种归属感看得比商品本身更重要。现在！我们找到了另一条说服消费者的捷径。

这种方法不仅听起来不错，同时也有可靠的研究为它提供了有力的支持。斯特克和伯恩斯坦用“共识暗示着正确”理论证实了这种策略的有效性。他们提出，这个心理概念导致了一种“从众效应”。它使人确信：如果一个足够大的群体对某个产品持赞成态度，那么这个群体的态度肯定就是正确的。我们将在“原则 17”里讨论这个发现。

可是，你想把自己的潜在顾客跟哪个群体联系起来呢？这里有一个经验法则：如果你寻求的是崇拜性群体——你的潜在顾客渴望与之相似的影响，那么你就必须确保自己的潜在顾客能够轻易地认同他们。

例如：假设你向自行车赛车狂热者出售一种新型自行车车座，它给人的感觉就好像浮在一团空气上，而不是坐在一个用凿子尖似的生硬托盘钉做成的、令人痛苦的平台上。有研究显示，目标市场的中位数年龄为 34 岁。你立刻就明白了，在广告中突出一群老年男女并不明智。你也不想展示“平凡的乔”漫不经心地骑着自行车前去参加家庭野餐会。同样，你的主要照片上显示的不应是一个籍籍无名的骑车人——即使他是最常光顾你的顾客。

为什么呢？记得那个贴着“崇拜性”标签的群体吗？上面这些全都不是你的核心群体渴望效仿的人。你的受众不想成为普通的邻家男孩或女孩。他们希望效仿那些赢得巡回赛的传奇人物，如兰斯·阿姆斯特朗、米盖尔·安杜兰或埃迪·默克斯——史上最优秀的三位自行车赛手。在广告中突出这样的专业人士可以鼓励潜在顾客相信：使用你那种舒服的软车座，他们就会变得跟自己的偶像更相似。

成功获得联合性群体的影响是很复杂的。这种策略要求你将自己的产品与某个社会群体联系起来，同时往往要疏远其他群体。该策略的实施有两种方式：

1. 通过专门投合目标群体态度和价值观的广告将自己的产品与该群体联系起来。
2. 将你的产品与社会中的其他群体分离开来，目的是让它更容易被目标群体接纳——就年轻受众而言，只需让它显得更“酷”即可。

青少年服装业成功地使用了这两种方法，有些广告直接鼓励孩子们参与“青少年文化”，而有些则规劝他们拒绝“老家伙们”的文化。

例如，1969年，服装零售商盖普公司（Gap）在旧金山开张营业。它的品牌名就暗示了“代沟”，并且店内出售的商品与父母辈的穿着风格截然不同。2008年，该公司已经拥有约3 100家店铺，2007年的收入已超过158亿美元，“联合—疏远”策略显然非常有效。

很多公司都利用了从众心理，其中包括：

* 沃尔格林：“美国人信任的药店。”
* 吉夫花生酱：“挑剔妈妈选择吉夫。”（难道你不想做挑剔的父母？）

★ 优色林："皮肤科医生推荐给干性皮肤者的品牌。"

★ 骆驼牌："抽骆驼牌香烟的医生比抽其他品牌的都要多。"

★ Rinso："还有谁想毫不费力地把衣服洗得更白？"

人们按年龄、阶层、性别、地区、政治和教育等多种因素可以分成不同的群体，你可以根据这些群体成功地投合潜在顾客寻求归属感的欲望。西奥迪尼有关攀比原则的理论[2]就证实了这种观点，该书认为，将产品、服务与一个或几个这样的群体联系起来，你就能成功说服所有这个类型的公众所认同的那个群体的人，使他们愿意购买你的产品，以此表明他们现在属于那个群体。

想一想，你的产品是否利用了人类寻求归属感的需求？如果答案是肯定的，那就别光想着怎么描述产品的特征和优点，至少要花同样的精力告诉你的潜在顾客：购买你的产品就会让他们加入某个崇拜性群体，或让他们与某个联合性群体保持联系，或帮助他们表明自己不属于某个疏远性群体。

但是，在你的潜在顾客购买任何东西之前，你必须首先给予他们足够强烈的刺激以便促使他们这么做！下一个原则就建立在一个有关刺激的经典心理学理论的基础上。

2　见《影响力》（*Influence: Science and Practice*，1980）。

原则 5

手段—目标链—关键核心

“购买我的产品不要只关注当下——更要着眼于未来！”

这就是原则 5 的内容。该原则建立在这样一个理论基础上：很多消费者的购买行为不是为了满足当下的需要，而是为了实现某个未来的目标。他购买的产品或服务只是实现那个目标的手段。

推广奢侈商品和服务的广告往往使用“手段—目标链”这一策略。该策略是为了说服潜在顾客相信你的产品——尽管它自有其价值——将为他们或他们的家人提供额外的、间接的好处。

例如，为配偶购买鲜花、巧克力或性感内衣就暗示了会通过该行为而享受到一些间接好处的可能性，不是吗？

购买一辆新车的感觉很棒，对吧？“忘掉它吧！”凌志车推销员告诉你，“因为作为一名房地产经纪人，购买那辆火爆的凌志新车更大的好处还在后头，这会让你在客户眼中显得更成功，而他们从你这里购买房子的可能性也就会增大很多。他们会这么想：‘她肯定卖房子卖得很好……要不然她怎么买得起那辆新凌志车？’”

作为商家，你的目标显然是出售产品或服务。使用“手段—目标链”这一策略，你只需将消费者的注意力转移到产品的终极价值或好处上即可。我把这称为“好处中的好处”。

为了把这一点说透彻，我问那些参加 CA$HVERTISING 研习班的听众：“为什么我应该为自己新开的零售店购买一个橱窗招牌？告诉我这么做有什么核心好处。”通常我们之间的对话是这样的：

听众：“这个招牌会告诉人们你是谁。”

我：“好，但告诉人们我是谁有什么好处呢？”

听众：“这样他们就会跟你做生意。”

我：“不错，但人们跟我做生意有什么好处呢？”

听众：“当然是因为这样你就可以出售自己的产品了！”

我：“当然。但我出售自己的产品有什么好处呢？”

（最终，又经过一番唇枪舌剑的交锋之后，终于有人叫道……）

听众：“那样你就能赚钱了！”

激活“手段—目标链”的思维很简单。你的广告文案和形象应该一直呈现积极的最终结果。这样，你的潜在顾客就不太可能对实际的产品优缺点做批判性的分析，而是将自己的购买决定建立在该产品将提供给他们的最终好处上。

你的产品或服务的核心优势是什么？如果出售的是铁锨，你就必须明白：人们需要的并不是一根带有一片扁平金属的长杆，他们真正想要的是挖一些能够种植绿树鲜花的洞，目的是让自己的家看起来更迷人！

如果出售的是微波炉，你要明白，人们想要的并不是那个带有按钮和可以转动的玻璃盘的电子盒，他们真正想要的是能够迅速把饭做好，这样他们就能有更多的时间去做其他事情。

销售汽车也是同样的道理，漂亮的油漆、运转顺畅的引擎以及柔软的真皮座椅当然使得驾驶汽车非常愉快，但人们购买汽车的真正原因是为了从一个地方到达另一个地方。它对自我意识的投合不过是锦上添花罢了。

记住：对大多数产品而言，人们想要的并非产品本身，他们购买的是产品的关键好处。如果人们打个响指就能让一个洞神奇地出现在地上，那么你的铁锹生意就得完蛋；如果他们抽动几下鼻子就能在几秒钟内把饭做好，那么他们就会对微波炉说再见；如果你能像《星际迷航》里的斯波克先生那样将自己从一个地方瞬间移动到另一个地方，那汽车店和加油站也就只有被改建成药店和公寓的命运了。

不过，不管你出售的是什么，说服消费者的主要困难都是应对他们对产品深浅不一的了解。下面的原则将很好地利用这些差异性。

原则 6

跨理论——循序渐进地说服顾客

即使你不知道汉堡包是什么，那我也会花大把大把的时间尝试着向你出售我新创的“Bloopo 汉堡包”——不管它所用的牛肉有多新鲜，面团有多蓬松，那种秘制调味酱是多么浓香扑鼻。

“跨理论模式”（Transtheoretical Model，缩写 TTM）将消费者对产品的了解和他们的行为分为 5 个阶段。这种模式为说服潜在顾客提供了指导思想，让他们能够对你的产品从一无所知（“这到底是什么东西？”）转变为定期购买，或让该产品成为他们生活方式中不可分割的一部分（“人人都买这个，不是吗？”）。当你意识到这些不同的阶段后，你也将更好地理解怎样以及从何处开始传播你的销售信息。

下面我们简要概括一下这几个阶段：

阶段一：空白期——处于这个阶段的人要么不知道你的产品——“Bloopo 汉堡包是个什么东西？”——要么没意识到自己需

要它。

阶段二：观望期——这个阶段的潜在顾客已经知道你的产品，并考虑使用它。“嗯……哪天我应该瞧瞧那些 Bloopo 汉堡包。”

阶段三：准备期——这是计划阶段。潜在顾客正在考虑购买你的产品，但需要进一步了解你的产品有何益处和优点。“我打算买一个 Bloopo 汉堡包……它看起来确实不错，但它里面到底放了什么？它更有利于健康吗？味道更好吗？价格是多少？”

阶段四：行动期——成功了！你的潜在顾客已经达到热烈渴望行动的阶段，或者说购买阶段。“这是我的信用卡，给我拿一个汉堡包”

阶段五：维持期——对你的潜在顾客来说，这是个值得留恋的地方。在这个阶段，你的产品已经成为顾客日常生活的一部分。他们会毫不犹豫地继续购买你的 Bloopo 汉堡包。这是他们喜爱的东西。简单地说，当他们想吃汉堡包时，他们就会购买 Bloopo。

根据心理学家詹姆斯·普罗哈斯卡的观点，商家使用这个技巧的目的是每次将消费者向前推动一个阶段，直到使用你的产品成为他们的一种习惯。关键是如何在此过程中成功地应对处于不同阶段的消费者群体。你的潜在顾客有些处于阶段一，而其他的可能已经处于阶段五（都不想再吃其他任何品牌的汉堡包了）。要处理这个问题，有两种选择：

1. 制作出针对所有阶段顾客的广告。这可以使你的潜在顾客聚焦于自己所处的阶段。你只需在广告中囊括有关你产品的全部详细信息即可。

2. 在一定的时期内制作一系列广告，从阶段一发展到阶段五。在阶段一将自己的产品推向市场。然后在一系列广告中，每一个都建立在上一个广告的基础上，并逐步突出产品的关键特色和益处。

当然，这两种策略的目标都是为你的潜在顾客提供足够的信息和驱动力，让他们以自己的步调在这5个阶段中发展，直到他们成为定期消费的老顾客。

毫无疑问，巩固消费者现存的态度和行为比改变他们的价值观要容易得多。接下来介绍的原则就承认并利用了这一事实，来巩固顾客对产品的忠诚度。

原则 7

预防接种理论——让顾客终生喜欢你的产品

德国哲学家弗里德里希·尼采说过:“凡不能毁灭我的,必使我更强大。”当他写下这句话时,他原本说的可能是这一条说服消费者的原则。

预防接种理论(Inoculation Theory)又称防疫论,其运作方式跟接种疫苗预防流感差不多。我来解释一下。疫苗中包括一种病毒毒株,它是利用一个叫细胞培养适应的过程来减弱毒性。这种病毒是在鸡胚细胞里培养的,它们会改变病毒增殖的基因,使得病毒在人体内难以繁殖。但是,人体注射疫苗后,你的身体就会产生强烈的反应,就像针对具有全部毒效的病毒一样,迅速攻击它,并将它杀灭。由此一来——这才是要点所在——你的身体实际上就变得更加强壮了,能够终生抵抗那种特定的病毒。

预防接种理论就是以类似的方式发挥作用。该理论由社会心理学家、耶鲁大学教授威廉·J. 麦奎尔发展形成,可用来巩固消费者对某个产品或服务的现有态度。它通过提出一个“无力”的论点，诱导消费者为自己的立场辩护，从而强化其态度。该理论的运用包括3个步骤：

1. 发出即将进攻的警告。
2. 发动无力的攻击。
3. 激发强烈的防御。

例如，假设你和我都是制作糕点的厨师，我们都在同一家面包店工作。这里生产最醇厚、最松软、最美味的巧克力甜点，在顾客中盛名远扬。你使用的巧克力品牌是吉塔德，这家公司总部位于美国加利福尼亚，生产的巧克力世界一流，美国和其他国家很多最知名的糕点大师和糖果店都在使用它。假设我发现我们的老板——“讨厌鬼”诺姆——想用一种更廉价的巧克力。

由于诺姆这老家伙喜欢炒掉那些与他意见不合的雇员，我琢磨着自己应该说服你加入并帮我打赢这场巧克力战争。我凭什么拿自己的饭碗冒险呢？我的计划是：对你运用防疫论。首先，根据这个策略，我会向你发出即将进攻的警告，让你准备好进行防御，诱使你的脑子围绕可能发起的反攻转动。我会说：“嗨，你听说没有，‘讨厌鬼’诺姆为了省几个小钱，正考虑购买垃圾的ChocoWax代替吉塔德？”

接下来，我会提出几个站不住脚的论点支持ChocoWax来煽风点火。例如，我会说：“我寻思，如果在配方里多加一点点可可粉，也许就算用 ChocoWax 也能侥幸过关。”并且说:“我怀疑顾客能否真的品尝出口味上的差别来。毕竟，我们的大多数竞争者都在使用垃圾巧克力。”（这话真会把你惹火！）

最后，我会刺激你摆出强硬的防御姿态，诱使你亲口说出自己的想法，而不是让你把它们憋在肚子里。“那么……你对这事怎么看？”心理测试显示，受众越是积极地抵御进攻，他就会越激烈地维护自己奋力坚持的立场。

利用预防接种理论对你的观点和决定（就这个例子而言，是你的品牌偏好）发动攻击，就会刺激你运用批判思维来维护它们。这会从根本上诱使你更深入地思考自己的立场，巩固你的想法和情感。那是因为，在受到即将遭受攻击的警告（“诺姆打算购买 ChocoWax 巧克力！”）而努力做好准备时，你已经开始筹划如何进行反击，并加强防御。所以，当真正的攻击（来自诺姆）到来时，你已经准备好告诉他该把他的那些廉价巧克力扔到哪里了。

要点：消费心理学家警告，你的攻击必须无力，否则就会适得其反，削弱甚至改变潜在顾客的态度。商家使用预防接种理论的一个方法就是公布竞争对手对他们公司的批评，再通过站不住脚的攻击——多亏了预防接种理论——巩固和确保消费者对他们的忠诚度，从而扭转乾坤。

预防接种理论最受政治家的欢迎。他们老套的说辞是这样的:“我的对手会告诉你，没办法降低飙升的油价。他会告诉你，平衡国家预算的唯一方法就是提高你的纳税额……他会告诉你，为大多数公民提供医疗保险已经够好了，就不要说为所有公民提供了。但我要告诉你，事实绝非如此，原因就在于……”

你看出眉目没有？这位候选人正在给他的听众打预防针，使用的方法是：

1. 对听众发出即将出现攻击的警告。
2. 列出他的对手将在竞选中说的那些站不住脚的论点。
3. 通过给予听众少许准备应战的防御手段，鼓励他们去做强烈的抵抗。

一家汽车修理厂可以摆出消费者利益维护者的姿态来面对竞争对手，告诉潜在顾客在接受竞争对手的报价时要当心：“我们的竞争对手会告诉你，修理挡泥板上的小凹痕需要花 1 000 美元。只是因为挡风玻璃上有个小缺口，他们就会让你更换玻璃，报价 800 美元。他们不会告诉你的是，我们这个行业有很多‘内部’秘密，只需花很少钱就能修好这些小毛病。例如……”

那么，你怎样才能利用预防接种理论发动一场先发制人的攻击，从而粉碎竞争对手的销售主张呢？关键就在于要设法让潜在顾客通过你的过滤器处理竞争对手提出的主张！就像上一个例子中那个汽车修理厂老板一样，告诉他们该警惕什么，什么是好的，什么是坏的，什么是可疑的。这么做表明你对自己出售的东西信心十足，甚至敢邀请顾客来做更细致的调查。你希望他们货比三家！

我并不是随便使用“消费者利益维护者”这一说法。事实上，如果你提供的是合法的信息——我相信你会这样做——那你的广告就不仅仅是又一次“我！我！我！从我这里买！”之类的商业呐喊。其实你是在提供一种有益的服务——假设你的产品或服务真的优于竞争对手——它可以转化为额外的业务和巨大的公共信誉。

你在经营一家比萨店？“我们的竞争对手告诉你，他们用的是新鲜的白干酪，但他们没有告诉你的是，他们买的白干酪是预先打碎，装在塑料袋里的。在波利比萨店，我们每天早上都手工粉碎白干酪。我们的竞争对手提供薄脆比萨和深盘西西里比萨，但他们没有告诉你的是，他们买的面团是冻得硬邦邦的面球，到做比萨的头天晚上才解冻。在波利比萨店，我们每天都是自己和新鲜的面团。我们的竞争对手告诉你，他们的宅急送服务有多么方便，但他们没有告诉你的是，他们的平均送货时间超过一个小时，而波利比萨店的送货时间是 28 分钟，如果超过这个时间，比萨就免费送你。”

与此类似的广告能够造就更多挑剔的消费者，而且他们会偏爱你的产品。这种“拉尔夫・纳达尔式的方法”会在消费者中培养起广泛的信任和信誉。好好看看你出售的东西，哪些方面比别人做得更好、更快、更轻松？在你的潜在顾客面前摆出这些优势，给他们打打预防针，然后看看怎样才能把他们争取过来。

原则 8

重新划分信念等级——改变顾客的现有认识

让我们面对现实：大多数人不喜欢改变。正如牛蛙不愿离开水一样，人类也不愿轻易改变固有的做事方式。让人们在身体方面做出小小的改变就已经很难了，例如改变着装方式、发型、工作方式、说话方式等。试图让他们改变自己有关生活的信念？哈！你瞧，心理学家知道，即便我们的信念并不准确或并不始终如一——即便我们自己也知道是这样——我们仍然会维护它们，就仿佛它们的存在跟我们自己的生存密切相关一样！把任何东西跟生存联系起来——顺便说一句，自我意识恰恰就是这么做的——你就可以对抗特别强悍的对手了。

幸运的是，确实有办法改变人们对你的产品的信念，想要改变的最主要的信念是他们不想要或不需要！其中最有效的方法之一是将人们的注意力从其态度本身转移到下面潜伏的信念上。

改变信念的焦点

为了影响消费者的信念，商家要么使用诉诸情感（如恐惧、幽默或内疚）的形象和统计数字（影响负责创新的右半脑），要么通过事实证据和例子（影响负责逻辑的左半脑）而诉诸理智。当你这么做的时候，你就向你的受众展示了现实的另一面——他们目前所抱的信念不支持的一面。换言之，你或许以某种方式看待一种产品，但如果给你一种新的方式去考虑它，你的信念就会改变。

小苏打布鲁斯

假设你喜欢小苏打牙膏，因为你在什么地方读到过，这是在家里美白牙齿最简单、最廉价的方式。事实上，你已经告诉自己所有的亲朋好友，如果他们想有一口超白的牙齿，就应该用小苏打牙膏。“小苏打，小苏打，小苏打。”你总把这该死的小苏打挂在嘴边。你已经使用这种牙膏十几年了。你如此强烈地推荐它，以至于你的亲朋好友都不敢在你面前微笑，因为他们害怕自己的牙齿达不到你那白净新标准而受到责难。

然而，有一天，你在报纸上看到一篇令人不安的文章。里面有一段美国牙科学会公共事务委员会（the American Dental Association Council on Scientific Affairs）高级理事、牙外科博士肯·伯勒尔关于小苏打的言论。这段话让你感到眩晕：“虽然公众相信小苏打牙膏存在一定的益处，但实际上，没有证据显示它具有任何治疗价值。”

“这怎么可能呢？！”你叫道。

这还不算完。此后不久，你又从另一位可敬的牙科医生那里看到这样的话：“小苏打会使人产生一种味觉，从而让人感觉自己牙齿不错，但没有证据表明它具有医疗价值。”

你还没意识到自己在做什么，你就已经站到镜子前审视自己的牙齿了，想知道那闪亮的白色是否只是你想象出的样子。你的牙科医生也证实了这个可怕的事实。你的感觉已经受到理智的进攻，最终，批判性思维——经由中央路径的处理——作为获胜者出现了。

武术馆

假设你真的不喜欢任何形式的暴力，但由于最近你居住地区的暴力犯罪猛增，走在大街上都觉得不安全。朋友们都在学咏春拳——它快如闪电，是非常实用的防身功夫——但你对此没什么兴趣。有一天，你的朋友给了你一份咏春拳武术馆印发的小册子。里面满是有关当地犯罪率飙升的惊人数据，还有武馆学生成功对抗攻击者的鲜活事例。他们谈论着拳术训练有多安全、学起来多容易，教练多有耐心、多关心学生。第二天，另一位家里孩子学咏春拳的朋友告诉你，她的孩子学拳后能保护自己免受校园暴徒的欺负。此时，新的想法开始在你脑中萌芽生长。

一周之后。在一个漆黑的停车场里，你正朝自己的车走过去时，感觉像被人跟踪了！幸好，这只是虚惊一场。但另一天晚上又发生了同样的事情。之后，你总是疑神疑鬼。突然间，你开始成天只想着那些犯罪统计数据，想着你读过的那份讲述各种成功抗暴故事的小册子，想着你的朋友们还有他们的孩子如何成功地运用他们学到的拳术保护自己。此时，你都没意识到自己在做什么，就去看朋友们上拳术课了。现在，你已经朝着成为这家武馆的最新成员迈近了一步。

当然，潜在顾客会对你提出的观点心存疑虑，很多时候还会抵制你做的广告——就像他们能够抵制其他任何广告一样。（获得百分之百的回应仍然只是广告人的梦想。）但其他许多人为了与自己的感受和谐相处，就会修补自己的信念。如果不这么做，就会导致认知失调——当你怀着互相矛盾的想法或信念时，就会出现这种不适的感觉，人脑是很不喜欢这种感觉的。

将信念的重要性加以改变

改变信念的重要性，而不是改变信念本身。因为强化或削弱现存的信念比彻底改变它要容易得多。

最成功的方法是，通过使用事实证据（灌输大量的统计数据、报道、研究和证明书）或潜在顾客能够认同的日常例子（例如其他用户的成功故事）来支持他们现有的信念，从而使之得到巩固。很多广告人把这种方法向前发展了一步，巩固一些附加的信念，因为它们跟潜在顾客现有的信念并不矛盾，因此一般不会受到抵制。

操纵现有信念——不管是强化还是破坏它——远比设法全盘改变基本信念更轻松也更容易成功。作为说服策略，它更受欢迎的原因就在于此。

例如，如今每个人都知道吸烟和过度饮酒对健康不利。但不管你多么频繁多么努力地强调这些观点，如果消费者感觉自己受到批评或攻击，他们就会立刻对你的观点启动防御机制。

如何避免这种情况？你可以这样做：

1. 强调那些已经对你的产品持正面看法的潜在顾客的信念。
2. 巧妙地向那些你希望改变的潜在顾客提供一套替代信念。

例如，食品行业的商家知道，现在大多数消费者都相信健康、均衡的饮食非常重要。那他们可以通过强调自己的品牌包含维生素，或不含糖，或建立在受众目前所持信念基础上的其他任何与健康相关的益处，来巩固这种看法并战胜他们的对手。（简言之，就是在潜在顾客已经确信无疑的观点之上添油加醋，提供更多他们想听的信息：我们的产品多么有益健康。）

记住：我们不想激起任何负面反应。我们的目标不是和潜在顾客作战，不是对他们说“你错了”，而是希望在不激起负面防御反应的条件下改变他们的看法。

例如，你不应该公然宣布“牛奶比苏打水更健康”，而应利用影像和实际事例展示苏打水对健康构成的潜在风险，再将它跟牛奶对健康的益处相比较，而这些证据同样要形象生动且具有说服力。看到差别没有？这样一来，你就可以避免跟潜在顾客现有的看法相冲突。

要记住：不管用哪种技巧，都不能让潜在顾客意识到你正试图影响他们。要让他们以为是自己做出的决定，这样就不会伤害他们的自我意识。当他们觉得这是他们自己的决定时，就更有可能在将来的行为中将这种信念得到巩固。

“明白啦，德鲁……但我该怎么做呢？”

你只需解除潜在顾客对认知（批判性）思维的需要即可。下面的技巧对你来说更容易，因为它将产品分为两类：一类需要大量认知思维；一类则不需要太多。

原则 9

精细加工可能性模型
——有利于顾客购买决策的思考方式

这标题读起来可够拗口的，别烦，之前我们已提到过，现在就让我们深入挖掘吧！精细加工可能性模型（Elaboration Likelihood Model，缩写 ELM）提出改变人们的态度有两条路径：中央路径和外围路径。二者的区别如下：

* 中央路径：利用逻辑、推理和深入思考来说服别人。
* 外围路径：利用愉快的想法、积极的形象或“暗示”所产生的联想来说服别人。

应该采用哪种方法，这取决于你的产品。外围路径鼓励消费者有意识地——或往往是无意识地——聚焦于肤浅的形象和“暗示”，目的是让他们在不对广告内容认真考虑的情况下调整或改变自己的态度和决定。

相比之下，中央路径则鼓励人们认真考虑广告的内容……在做出任何决定尤其是在购买之前，思考广告的内容和主张。

ELM 经验法则

购买重要的东西时，你会比购买不重要的东西花更长的时间，更深入地苦苦思索，对吧？当然了。心理学家说，当消费者考虑那些“跟个人更密切相关”的产品时，其动力往往更大。设想一种花费不菲同时在某些方面（对买家）非常重要的东西，例如对于房子在圣安德列斯断层的悬崖峭壁上的人（呃，例如我）来说，地震保险正是与屋主关系密切的产品。

购买一座价值 928 000 美元的住宅，和买一个豆子炖猪肉的罐头，两者的思维过程不会相同，对吧？购买这两种东西的决定需要不同层次、数量和深度的思考。考虑购房时，大脑由中央路径处理。这意味着你会仔细考虑所有的主张，并分析所有存在的因素：“让我想想……5 年调息按揭的利率与 30 年定息按揭相比更合算……我们现在的负债收入比是 18%……如果我们把它降低至少 20%，就不需要支付私人按揭保险费了，由此也就降低了我们每个月的还款额。”

这个例子展示了左半脑是如何思考的，有关控制逻辑思维、推理、处理数据和衡量各种选择的那半个大脑。这是你在做出此类重要购买决定前应该考虑的。如果买错房子——在你将家人连根拔起，跨越整个国家搬到一个远离亲朋好友的地方开始一份新工作之后——你很容易就把自己桎梏在自己制造的经济和情感的酷刑室里。

相比之下，当你拿着两个罐头时，你的大脑就摁下了那个巨大的外围路径按钮，结果很简单："这豆子，好好吃！"这里不涉及重大决定，也不需要耗费多少脑力。毕竟，如果你买错了豆子，你只需说："哎——呀，这豆子真恶心！"然后把它们扔掉就可以了。

那么，购买你的产品所需的思考过程是哪一类呢？

产品所需的思考过程	具体做法
中央路径处理	大量灌输各种事实、统计数据、证据、证书、研究、报告和历史档案。将它们融入你最有说服力的销售推广中。
外围路径处理	在你的广告中填满色彩缤纷、令人愉快的形象，幽默或受人欢迎的主题，或者名人倡议等。

在为你的外围路径产品做广告时，一定别忘了指出它的特点和益处。你只需明白大多数消费者都不会为该买哪个品牌的糖、回形针或顶针费脑子。这些东西都是不需要"深入思考"的买卖，因此也不需要深入思考的广告内容。

别理解错了。我没说你什么都不需要做，或只需展示几张笑脸和自己那只酷酷的寻回犬幼犬的照片就能带来大量销售。你还应该给出一些基本的数据来满足消费者想了解主要数据的需要。举例来说，如果你出售的是喷墨打印纸，你仍需要说明它的尺寸、颜色、重量、用纸量，甚至它的美国纸浆与造纸工业技术协会亮度标准

（TAPPI Brightness Standard）等级。如果你有竞争对手——我们大多数人都有——而且你的产品在某些方面比他们的好，那就一定要说出来！

中央路径处理让顾客更喜欢你

昨天他们还争相购买你的产品，今天他们却连产品的名字都记不住。为什么？对于消费者为何终生都坚持某些态度而另外一些态度却不太稳定，容易改变，ELM 提供了一种解释。有研究发现，跟那些通过外围路径思考形成的态度相比，基于中央路径处理形成的态度更容易抵抗反面说服，并且态度与行为之间表现出更大的连贯性。

这合情合理。因为使用中央路径处理时，你会用一些自己不断巩固和加强的、深思熟虑的论据来支持你的决定。“毕竟，”你说，“我翻来覆去地想过……我知道这是正确的决定。”（注意：通过中央路径处理形成的态度是怎样和与之不可分割的自我紧密联系起来的。任何对你深思熟虑——“考虑了很久”——的事情提出挑战的人，似乎都是在向你的智力挑衅！）

想要例子？看看你周围。跟人们谈论任何问题，只要是他们花了很多时间去探索、巩固，并为之辩护的事情，例如宗教、政治、堕胎、育儿、教育等话题。在这些问题上，他们的立场坚定持久，且可以顽强地抵制任何改变。

现在，对同样的人换个问题：“你用什么肥皂？你吃的燕麦片是什么牌子的？”对于诸如此类的商品，他们或许各有偏好，但他们对这些商品的态度通常都很容易改变。

关于ELM，还有最后一点你应该知道。运用中央路径处理形成的态度会比那些运用外围路径处理形成的态度更为持久。简单地说，逻辑和推理比视觉暗示或其他刺激情感的催化剂建立的好感在大脑中留下的痕迹更深。

记住：当你让人们深入考虑某件事并说服他们得出一个结论时，他们会把自己的决定当作自己思考的结果来接受，就像对待自己的“孩子”——他们的“脑力劳动的产物”——那样保护它，会为了它而抵抗（竞争对手的）攻击。

利用外围路径说服消费者，广告人依赖的是社会心理学家所说的暗示的效力。这些暗示都是心理捷径，如果运用得当，无须消费者进行任何形式的深入思考，也能够传达广告的信息。下面这种技巧的基础就是通过在恰当的时机运用恰当的暗示所产生的影响。

原则 10

影响力的六大武器——成功说服的捷径

社会心理学家罗伯特·西奥迪尼是个聪明人。他花了 3 年时间为撰写《影响力》(*Influence: The Psychology of Persuasion*, 1998)一书做准备，卧底从事各种工作，观察各种行为的影响力。他假扮过各种职业，从二手车推销员到电话推销员都试过，研究那些使人们顺从和购买的言语和行为。他从中总结出了人生法则，描绘如何使用 6 种一般性的“影响力诱因”说服人们。

这些诱因都是心理捷径，在许多不同情况下都很有成效——尤其是当你的潜在顾客没有慎重考虑时。当你运用外围路径说服的方法撰写广告文案时可以使用这些诱因，但如果购买你的产品需要大量思考、推理甚至一些正当理由——例如购买奢侈品或任何高价物品时，你就只能听天由命了。

西奥迪尼的 6 种法则有一个帮助记忆的缩写：“CLARCCS”，其中包括：

1. 攀比（Comparison）：同类的力量。
2. 喜好（Liking）：平衡理论。“我喜欢你……我愿意掏钱给你！”
3. 权威（Authority）：破译可信度的密码。
4. 互惠（Reciprocation）：礼尚往来……有利可图！
5. 承诺 / 一致性（Commitment / Consistency）：“铜墙铁壁”技巧。
6. 稀缺（Scarcity）：在有货时赶紧拿到它们。

诱因 1：攀比

我们先看看攀比，它和群体说服——或从众效应——类似，在你的广告军械库中是一件很有潜力的武器。“其他人都这么做，为什么你不？”这样的问题会对消费者产生强烈的影响。人类心理学告诉我们：没有人喜欢被排除在外，我们全都受一种寻求归属的需要所驱使（见“原则 4：从众效应——给顾客一个起跳板”）。因此，如果有人看见自己的亲朋好友或同伴穿某种时髦服装，在汽车保险杠上贴某种车贴，或喝某个特定品牌的啤酒，强大的压力就会迫使人们去跟随潮流，这其中既包括内在压力（比如，“哎……人人都穿短短的船形袜……我的袜子太长了，不知道我是不是看起来很傻。”），也包括外在压力（例如，“嗨，德鲁，看看你那双肉鸡腿似的高帮白袜子！你看起来简直就像来自 1977 年体操班的怪人！”）

对广告人而言，这是天赐之物。因为如果我能够成功地传达出这样的信息——我的产品是某个群体所必备的——那只需创造出这种思想倾向，我的销售额就会像滚雪球一样快速增长。

诱因 2：喜好

实际上，喜好就是："因为你喜欢我，所以你应该照我说的做——买！"每当消费者感觉自己跟某家公司的代言人、广告里的人物或名人或者该产品的另一个使用者之间存在某种联系时，就可以使用这种强有力的诱因。

例如，我曾经有个女同事叫戴安娜。她卖过各种东西，从蜡烛到篮子。她总是把自己的商品目录挨个儿传给其他雇员，要求他们下订单。我看到很多人屈服于"喜好"这种诱因的压力。她拥有一种人见人爱的个性，但她出售的蜡烛和篮子的质量如何呢？哦，这根本就无关紧要。因为导致那么多人从她那里买东西的原因是一种"喜好"诱因的驱动——讨好或取悦戴安娜的内在压力。

与此类似，当你喜欢的一位同事冲进你的办公室说："嗨……我女儿阿里尔正在为癌症研究募捐……你愿意在她的比赛中给她资助吗？"哇……这里面可是有三重魔咒：（1）女儿；（2）癌症；（3）询问你的人。你死定了，在表格上签上名字，交出钞票吧！

记住：销售的关键是喜好——你必须喜欢那个人，这个办法才有效。这种喜爱能够针对任何参与交流的人，不管是街角发传单的，用自己的脸装饰广告的名人，还是上周购买了同一品牌现在催你也去买的那个朋友。

外表越好看，别人越喜欢

“不要从一本书的封面去判断它的内容。”这是一句很有道理的话。然而，当人们面对一个颇具魅力的人的眼睛时，他们恰恰会以貌取人。很多心理学和社会学实验都已得出结论：有魅力的人会对其他人产生更大的影响，会让人感觉更值得信赖，也更可爱。[3] 难怪大多数广告都突出愉快而迷人的脸庞，它们在杂志、报纸或直邮商品目录的页面上冲着消费者微笑。

还有一个有趣的事实：可能和我们之前想的不同，事实上，男性最容易受其他男性的图片吸引，女性也更容易受其他女性的图片吸引。为什么？心理学家说：因为认同。我们所有人都首先对自己有兴趣；对你而言，没有人比你自己更重要了。例如，当广告展示一个相貌英俊、看起来是个重要人物的男子的图片时，其他男性就会认同那个人，进入他所扮演的角色，暂时把自己想象成那个相貌英俊的男人。同样的原则也适用于女性。

诱因 3：权威

第三种诱因是权威，这是一种自开天辟地以来就使用的心理捷径。很多保健产品早就依赖于“穿白大褂的人”的认可来获得权威

---

3 见唐和莱昂斯（Down & Lyons）的《个性与社会心理学期刊》（*Personality and Social Psychology Bulletin*，1991）。

性了。正如人们会相信自己的医生说的话，当一个官方人士认可广告宣传的产品时，消费者通常也会接受他的权威。

这是通过外围路径说服他人的一个最好的例子。利用一个官方的、有才智或有权威的人推销产品，可以省去消费者亲自研究或考查问题的麻烦，他们会简单地把广告所说的事实和主张当作真的来接受。实际上，在美国联邦通信委员会（Federal Communications Commission，缩写 FCC）采取严厉措施之前，很多广告商都雇用演员在流行的电视节目中扮演医生来认可他们的阿司匹林、感冒药或其他与医药有关的产品，并为他们在节目中的装扮提供全套装备。观众知道这些人只是演员，但仍然被那种建立在他们所扮演的人物基础上的权威诱因所说服。这种诱因的威力如此强大，甚至在 FCC 强迫这些演员说“我不是一个真正的医生，我只是在电视上扮演医生”之后也没有多大影响。消费者仍然会买他们宣传的产品。

想一想！在你所在的那个行业中，受目标市场尊敬的权威有哪些？你要不遗余力地从他们那里获取一份证明书或全面的认证。然后获得在营销中使用其形象的许可。付钱给权威拍一部可以在你的网站或宣传片中使用的短片，然后加上一连串具有说服力的事实、数字和看起来很科学的图表。权威诱因会帮你赚到很多钱。

诱因 4：互惠

在 CA$HVERTISING 的一次研习班上，我问一名听众：“艾琳，你是个彬彬有礼的人吗？”她立刻回答：“当然啰！”我继续说：“好吧，那当有人给你东西时，你会怎么做？”她回答道：“我会说‘谢谢你’。”我继续追问：“是的……接下来你觉得自己必须做什么？”她想了一会儿，然后脱口而出：“呃……拿点儿什么东西回赠给他们？”千真万确！

这就是我们所说的“互惠”心理诱因的基础，这是直销公司、需预订的杂志和任何使用样品的行业最喜欢用的手段。你有没有好奇过：这些公司在接到第一批订单之前怎么承担得起发放免费赠品的费用？原因就是互惠的暗示。他们给你点儿东西，作为回报，你就不得不从他们那里买东西。这种影响如此强烈，而事实上，或许那些免费的礼物不过是一支质量低劣、价值 2 美分的钢笔，里面装着只够用一个星期的墨水。

这种方法为什么有效？因为那家公司送礼品给你，而且你接受了！现在，社交习俗规定你必须回赠点儿什么东西。调查公司往往会送一张一美元的钞票感谢你完成问卷，原因就在于此。那份长达 4 页的问卷包含了 100 个单调乏味的问题，但那张钞票让你觉得你应该这么做。

再举一个熟悉的例子。在美国很多主要机场经过时，你都可能会接到宗教人员递过来的一枝玫瑰。在接受这个免费的礼物后，他们会让你捐一点儿钱。因为你已经接受了礼物，就不得不答应。如果你不捐，你会感觉很不舒服。这就是你从小接受的教育，如今已经成为一种预设的程序式反应。至少现在你已经意识到它的存在，你可以好好利用它。

杰伊·希弗是我多年的一位老客户，他把互惠诱因利用到了极致。他的公司——位于宾夕法尼亚州珀卡西的移动目标公司——会代表自己主要的餐馆和汽车修理厂客户，向刚搬到周边地区的人赠送礼券：免费比萨、免费门票、免费更换润滑油等。这项服务不仅为那些零售商向新住户介绍了业务，还推动了互惠诱因像球一样滚动。当新住户大嚼比萨或换过润滑油开车离去时——假设他们都受到了友善的接待，并且心满意足——他们不仅会对这些业务产生好感，也更有可能回来消费，而且往往会成为长期的忠实顾客。移动目标公司对互惠诱因的运用是如此优雅而有效——已经用了超过 16 年了——以至于很多公司都以此作为首要的营销策略。

你能送出什么东西推动这只互惠之球滚动起来呢？我说的不是某种蹩脚的小饰品，如一个带有公司商标和电话的廉价钥匙环。你需要送出真正有价值的东西，某种让接受者觉得“哇！多么体贴啊！”的礼品。你能赠送一份免费的试用品吗？一张礼券？如果你是咨询师，赠送 30 分钟的免费咨询怎么样？很多律师都会提供免费的首次咨询，但我说的不是这个。要启动互惠心态，你得送给别人一份礼物，它不是对方不得不从你这里索要的（如果我必须索要，那它就是恩惠），也不是为他所做的事情而给予的回报（那是一声“谢谢”）。

下面是有关这种礼物的一些例子。

* 你是一位宠物美容师？那就赠送一只免费的跳蚤圈。
* 你是一家面包店的老板？那就赠送一块免费的黑麦面包或一盒巧克力饼干。

- ★ 你是一家自行车店的老板？那就赠送一个免费的水壶。
- ★ 你是一家老式修鞋铺的老板？那就赠送一次免费的擦鞋服务。
- ★ 你是一所空手道学校的校长？那就赠送一个月的免费课程。
- ★ 你是一位印刷商？那就赠送 50 次免费的复印服务。
- ★ 你是一家花店的老板？那就送一束免费的鲜花。
- ★ 你是一家香烟店的老板？那就赠送一个免费的打火机。
- ★ 你是一家比萨店的老板？那就送一片免费的比萨。

不管你是做什么的，你都可以赠送点儿东西……然后让互惠诱因的魔力将纯粹的潜在顾客变成真正的买家甚至老顾客。

诱因 5：承诺 / 一致性

在迪斯尼乐园那座很受欢迎的“幽灵鬼屋”里，一个怪诞的声音威胁道：“看看你四周，你的逻辑无法否认，这间屋子没有窗户，也没有门。这为寻找……一条出去的路……提出了相当大的逻辑挑战。”（提示：一阵魔鬼似的笑声。）

这就是承诺 / 一致性诱因的主题，也被称为“铜墙铁壁”技巧——不是为了把购买者吓跑，而是把他们圈起来，让他们表明自己的立场，并要求他们证明自己致力于维护自己的立场。你制作一个广告，在里面向你的潜在顾客提出 4 个问题，每个问题都合乎逻辑地引向下一个，直到——在你广告的结尾——你的潜在顾客承诺购买你的产品。

承诺/一致性指出，如果你在一个问题上表明自己的立场，你就一定会始终如一地忠实于自己的信念。这是一个强大的心理策略，用在个人身上效果尤其明显，因为这种诱因依赖社会压力作为其发动机。例如，假设有人敲开你的门说："嗨！你愿意在我的请愿书上签名，帮助降低周围地区的犯罪，让我们的街道更安全吗？"这是不用动脑子的事情，对吧？于是你在上面签了名。既然你已经表明自己的立场，那么社会就希望你始终如一地按此行事。你也愿意这么做。因此，当请愿者接下来说："太好了！谢谢你。那么现在能否请你捐出3美元？因为我们需要购买若干对讲机用于社区联防队的工作？"哎呀，我的朋友，你被套牢了。现在，你除了倒吸一口冷气把手伸进口袋里掏出钞票递上去外，别无选择。你就像一个实验中的小白鼠，你的行为完全不出对方的预料。如果你没有支持这项事业（那样你就没理由捐款了）或对方没要求你在请愿书上签名，那你可以不捐这3美元。但你已经签了名，请愿者已经给你下套了，接下来自然是让你掏出钞票。最后的问题——不管涉及什么——其实都是这个意思："好的，你已经宣布了自己的立场。现在让我们看看你是否打算坚守你自己声称的立场。"如果不这么做，那你就是伪善至极。

这个过程诉诸文字不如直接诉诸个人更有效。不过，用文字表达出来大致如下。从提出几个问题开始，它们会引出你寻求的那种反应：

你害怕独自走过街道吗？你难道不希望找到更轻松的方法保护自己，对抗那些拦路打劫的强盗和侵害无辜者的社会渣滓吗？你知道我指的是谁：那些迎面将你拦住——威胁问你“有没有零钱？”的无耻之徒。如果有一种安全、有效且轻松的方法让你握一下按钮就能阻止暴徒，岂不很好吗？即便是最野蛮、体重350磅、吸食毒品的疯子胆敢胁迫——并且有可能严重伤害——你和你的家人，这个办法也能让你立刻将他彻底制伏，这不是很棒吗？我们向你推荐Tesla Sizzler……个人反恶棍微波枪……

要点是让潜在顾客回答一连串的“是”，每个连续的回答都会增加动力，创造出兴趣和欲望，并把产品作为通向满足欲望的途径来推介。由于这里没有人际互动，因此也没有社会压力迫使你的回答始终保持一致，并最终指向购买。没人跟你互动，没人陪你顺着购买程序一步步往下走，那你购买的原因只是你对防止遭受袭击感兴趣，而且你觉得用个人微波枪对付当地暴徒很吸引人。没有了社会压力，广告就依赖于多种文案撰写和设计的技巧，来鼓励人们读完整个推销广告，然后拿起电话下订单。那些效果很好的长篇直销广告就是这么做的。

诱因6：稀缺

西奥迪尼的最后一个影响力诱因是稀缺。我告诉了你参加CA$HVERTISING研习班的所有益处，我还会说“CA$HVERTISING

研习班座位非常有限，票也很难买”，那么它就会变得更加诱人。为什么？很简单，我们想得到自己得不到的东西。

就拿 1983 年的椰菜娃娃热潮来说吧。为了买到这种脸蛋用乙烯树脂做成的丑陋的洋娃娃，人们弄翻了陈列台，跟发了疯似的尖叫着，诅咒着，就像一群染上狂犬病的猫来到了百货商店。1 000 名尤其蛮横的椰菜娃娃“准父母”在等待了 8 个小时后变得暴力起来，涌进宾夕法尼亚州威尔克斯－巴里的热尔商店。商店经理挥舞着网球拍，阻止了这些疯狂的购买者。事实上，这些洋娃娃获得的成功让克莱克公司措手不及：他们无法生产出足够的产品来满足消费者的需要。纽约拿骚县的消费者事务部向克莱克公司提起诉讼，控告它通过登广告宣传无法获得的洋娃娃来“骚扰”孩子们，迫使该公司中止了广告。太好笑了，但也太晚了。稀缺效应已经勾起了美国人购买这种洋娃娃的欲望，并因此刺激了人们对它的更大需求。

如果你无法得到它，你就会突然很想得到它。这就像你以前在电影院或飞机上并不使用的扶手一样。一旦有人坐到你旁边，开始使用它，你就会突然产生一种“把它弄回来”的强烈欲望，感觉好像是他们抢走了“你的”扶手一样。在整场电影中，或直到飞机降落时，你都会一直为此烦恼。嗯……当你拥有它的时候，你又不想要它了。但如果有人从你这里夺去它，那它就是你最想要的东西。我们人类就是这样，真有意思。

稀缺诱因最常见的表现是诸如一日促销、限量供应、售完为止或先到先得等原则的使用，它们让产品显得供不应求，因此激起了消费者的兴趣。这种技巧的成功显而易见——各行各业都在运用它！利用稀缺诱因和利用最后期限差不多。不过，稀缺也意味着高档，而不仅仅是限量供应。这也算是一种力量强大的组合拳了。

我曾看到几位商业顾问巧妙地运用稀缺诱因。例如，通知："史蒂夫终于能够挤出时间再接待三位客户了。不过要赶快！因为他的报名登记表一满，就得再等两年才能享受他的服务。"在这个例子中，顾问史蒂夫跟你说他现在有时间……但又着重警告你最好赶快行动，以此来强调其服务的稀缺性。

原则 11

信息的组织——让顾客真正理解你的广告内容

不明我所以，无以说服你。这句话的观点很明确：“你不懂我的话，我也就无法说服你。”即使你的产品是世界上最好的，即使你的销售资料看起来最漂亮，并且有消费者的热情称赞，但是如果你的广告一团混乱或结构很差，那么你也不会财源滚滚！甚至更糟，实际上你还可能因为那些广告让潜在顾客无法准确甚至完全错误地解读你想要传达的意思。这将会给你带来长期的负面影响，进而损害你的业务。

正因为如此，他们雇用的广告公司和心理学家才会小心翼翼，不管要传达的信息具有怎样的力量，都要确保把它组织好，并且能够轻松获得准确的理解。简单更好，但简单并不一定意味着容易。清楚明白的交流需要实践，不过也不必烦恼。我将在下一章“广告公司的秘诀”里，针对该主题献上一种完美无缺的技巧。读过之后，你就会知道到底该做什么以及怎样去做了。

原则 12

实例与数据——哪个会胜出

实例和数据，哪个更有说服力？请阅读下面的段落后做出判断。

实例

这是一辆与众不同的汽车，它拥有宽阔如客厅的车厢，引诱你进去。接受它的邀请……关上它那扇拱顶似的车门……准备享受仅为少数有特权者保留的驾驶体验。你周围都是华丽而芳香的皮革，产自国外的硬木，还有昂贵的威尔顿羊毛地毯，这辆汽车会展现出你独特的生活方式……你对完美的执着。现在转动钥匙，这个世界上最优雅的自动能源装置会立刻启动。挂挡……加速……然后在一阵兴奋中绝尘而去，那样的疾驰超越了语言本身的表达能力。感觉到了吗？当高达 453 马力的强劲动力召唤你释放它们时，你的肾上腺素正飞快地流过静脉血管。

数据

- ⋆ 汽缸容积 6749 毫升，排量 6.7 公升，V-12 前置发动机，缸径 92.0 毫米，冲程 84.6 毫米，压缩比 11.0，可变气门正时 / 凸轮轴且每汽缸 4 个气门。
- ⋆ 功率：338 千瓦，453 马力 @ 5,350 转：531 扭力，720 扭矩 @ 3,500 转。
- ⋆ 外观尺寸：总长度 202.8 英寸，总宽度 78.2 英寸，总高度 62.2 英寸，轴距 130.7 英寸，前轮距 66.4 英寸，后轮距 65.8 英寸，最小转弯半径 43.0 英尺[4]。
- ⋆ 豪华木饰真皮车门，木质真皮方向盘。

实例和统计数据，哪个更吸引你？哪个会刺激你的欲望？最重要的是，哪个会真正说服你？如果你跟大多数人一样，那么能够达到目的的就是实例。当然，让人们了解数据也不错，但如果想让你的收银机叮当作响，那就应该始终把钱投到实例上。为什么？一言以蔽之：情感，是销售的钥匙。

你刚刚读到的实例和它诱发的情感，让你在一辆售价 403 000 美元的崭新劳斯莱斯幻影超级豪华轿车的车轮后垂涎三尺，你有没有注意到自己阅读它时发生了什么？你在自己脑子里试驾——演示了一下这个产品！其实，不管你出售的是什么——即使是一个售价 10 美元的捕鼠器，直到你能让潜在顾客想象自己使用你的产品或服

4　1 英尺 =30.48 厘米。——译者注

务时，他们才会采取下一步行动，购买产品。突出丰富多彩的实例会产生我所说的“自我演示”，从而刺激潜在顾客的占有欲和购买动机。

此外，研究表明，写得精彩的实例还有其他作用：

1. 与消费者的个人体验更密切地联系起来。
2. 让消费者更容易理解，因为实例让他们处理信息所需的脑力劳动更少。[5]

难怪大多数平面广告和电视广告都使用各种推荐和认证，而不是罗列出一长串事实和数据。实例更有戏剧性，也更吸引人。

“可是德鲁！有些人确实想知道各种事实和数据！”他们当然需要了。你应该根据自己出售的产品类型，在广告中将数据信息包括在内。但是，千万不要把那些具有强烈感染力、能激发情感的实例排除在外。在广告中同时包括实例和数据就很好。不过，要好好考虑二者应该各占多大比例，这样就不至于疏远任何一个群体。“可是我怎么知道呢？”很简单：你的产品会告诉你。

* 你出售啤酒？那就忘掉数据吧。向观众展示富于魅力的人、几乎没穿什么衣服的健美身体和欢快的场景。
* 你出售汽车？那就大肆宣传各种实例，并在广告中分享一些

5　佩蒂与卡西奥波，1986。

有关性能、安全性和功效的数据，提供给那些热衷于这些方面信息的车迷——也就是那种独特的模型所吸引的购买者。

★ 你出售激光打印机？这首先是一种实用的产品，因此要说明它能够容纳的纸张数量，其分辨率有多么精细，墨盒可用多长时间，每个月的最高打印纸张数量以及其他相关数据。因为没人会为喷墨而兴奋。（至少我认识的人当中没有，而且我的很多朋友还是职业作家。）

★ 你提供景观美化服务？你的产品全都跟美、自我形象（你的地产在邻居眼中的形象）和便捷性（从来无须在令人大汗淋漓的酷热夏日修剪你的草坪）有关，这里有大量使用实例的机会！

★ 你出售健身房会员卡？此处只涉及纯粹的情感。在广告中展示清瘦而迷人的男男女女在锻炼之前和之后的照片，以及那些开心的会员给予的称赞。当然，你也可以说明自己拥有多少健身设备，有多大的场地面积，但真正吸引顾客的是那些照片。

原则 13

提供正反两面的信息——双重角色说服

每个事都有两个侧面，对吧？广告也是如此。你可以仅仅展示自己这一方的故事，也可以在针锋相对的产品竞争中同时展示自己和竞争对手。

尽管单方面的信息更简单（因为你只讨论自己的产品），但研究显示，两方面都包括在内的信息更有说服力。不过，它们必须遵守一个公式：在为自己的立场辩护的同时，攻击竞争对手。

关键在于，你既要展示双方，同时又只拥护一方——你自己那一方。怎么做？只需让那些包括正反双方的信息在受众眼中显得公正平衡即可，例如：

Acme 公司生产出了很不错的苍蝇拍，这么多年来，他们一直都做得很好。在 20 世纪 40 和 50 年代，他们生产的苍蝇拍是杀死那些可恶家伙的最常见的工具。然而，如今已是 21 世纪，该用我们新推出的 RoboSwat 灭蝇激光炮，朝着全面的自动苍蝇拍装置升级了。它简单易用而高效，那些旧式（且肮脏）的苍蝇拍已经过时了！

当利用外围路径说服方式（肤浅的思维，还记得吗？）时，你的受众很可能会认为，跟竞争对手那些只谈论自己的片面广告相比，你那种兼顾正反两方的信息会显得更深思熟虑，也更可信。称赞对方好的产品会立刻让你的潜在顾客认为："嗯……他们对另一家公司挺公平的，没有抨击对方，实际上还为对方说好话。他们不过是指出自己的产品更好而已。"如果你的潜在顾客决定使用中央路径处理（深入思考和推理），仔细考虑这些信息，你那种将防御与进攻相结合的手段就会让他们更加系统地考虑这个问题，并开始质疑另一方是否公正。因此，这种方法不仅有助于说服潜在顾客青睐你的产品，而且有助于让他们抵制竞争对手的产品。

比较性的广告并不是非得通过猛烈抨击来迫使对方屈服。你可以平静地指出自己产品的优势。你能提供竞争对手的产品所不具备的哪些好处？你的产品是否更快？更简易？更干净？更健康？更有趣？更便宜？更有效？能一目了然地揭示产品优势的对比图会让人印象极其深刻。消费者会把这种图表阐释为："啊……我需要做的所有研究都已为我做完，现在我只需要购买即可。"这顶多只能算外围路径处理。因为使用中央路径思考的人会说："嗯……听起来不错，但我怎么知道这些事实都是正确的呢？我打算核实一下另一家公司是怎么说的。毕竟，这些人正试图说服我购买他们的产品！"

然而，事实上，大多数人都是通过外围路径思考的懒虫，要让他们做出购买决定，只需对比即可。因此，不妨公平竞争，说出双方的优劣，称赞竞争对手做得好的地方，这甚至可能会让你感觉非常舒坦。然后再说明为什么你的更好。这种说服效果所带来的额外销售无疑会让你感觉很棒！

你甚至可以展示自己的正反两面。你还记得我在导论里说过，如果说服和影响这两个词把你吓坏了，那你应该“放弃阅读”，因为“本书不适合你”。当时我就在玩欲擒故纵的手段，跟你说你无法得到某物，为的是让你更想得到它。别不敢告诉人们为何他们不应该购买你的产品，这不但可以提升你的可信度，而且，如果他们是真正的潜在顾客，这还会激起他们的购买欲望。

原则 14

重复与赘言——让顾客熟悉并记住你

“在你发了 7 次广告之后，人们才开始看它。”

你听说过这句话吗？它很可能改编自一句在销售中使用的类似表达：“要完成一项交易，平均需要打 7 个电话。”不管实际数字是多少，重复都是在广告中传达观点的重要因素。重复你的信息，不仅有助于打破漠不关心的樊篱，而且每重复一次，你的广告都可能被那些以前没注意它的人看到。

此外，每重复一遍，你的受众都会自然而然地对你的产品和公司更加熟悉。除非他们有特别的理由，否则，他们心里就会开始产生接受的感觉。随着这种接受感增强，一种密切的关系就会逐渐建立并发展起来。其实，也就是他们开始对你产生舒适感。这种舒适感会带来更强烈的信任感，从而打开销售之门。

记住：所有广告的目的都是为了在消费者的态度和知觉中创造出边际差异。通过重复，这些小小的差异能够积累形成更大的差异，往往可以让天平朝着有利于广告宣传的品牌那一方倾斜。

重复会不会带来不利后果？有可能。研究显示，重复手段仅在最佳范围内有效，一旦超出这个范围，它就会导致失败和消费者的“厌弃”[6]。简单地说，在这项研究中，研究人员向大学生提出了有关增加大学开销的观点。有些学生听到过一次，有些听到过 3 次，还有的听到过 5 次。听过 3 次的学生支持增加开销的论点，而在那些听过 5 次的学生中，表示赞成的人数则大大下降。研究者佩蒂与卡西奥波认为，在高达 5 次的重复率下，人们可能会开始觉得厌烦，这导致他们将再次提出这个信息的行为视为冒犯性交流。

请别把这解释为：重复广告不要超过 3 次！向大学里的孩子询问有关大学花费的问题，跟你在当地报纸上登广告宣传自己的产品和服务，并不是一回事。我跟你分享这个例子，只是为了让你意识到没完没了的重复不一定是好事，提醒你对这种技巧的使用保持敏感。你喜欢自己的广告，并不意味着观众也会喜欢。但是，如果它能让你赚到的钱更多，那么请一定让它保持活跃。巧妙使用重复的技巧，会让人们熟悉你的品牌。但是，如果过度使用它，你可能只会得到消费者的极度轻视。

翻来覆去地重复相同的广告，就会变得婆婆妈妈。但是，登载同一广告的不同变体，则可以利用赘言的力量。对于一条给人留下深刻印象的信息或口号，这是延长其寿命的一种简单方法。通过不同的形式和略微不同的版本呈现相同的信息，你就会诱使受众相信

---

6 佩蒂与卡西奥波，1979。

自己看到的是一条新信息，而非他上周看过的那条信息的回收利用版。这涉及所谓多种来源和多种论据。简单地讲，让人们接触到相同信息的不同来源越多，他们对此就会越确信。

比方说，假如你听见一个女人告诉你每天吃巧克力是多么有利于健康，你可能相信，但也可能不信，具体取决于这个说法当时留给你的印象。你有多久没吃——美味的——佩鲁贾巧克力棒了！然而，如果一天有 5 个不同的人告诉你类似但又略微不同的观点，那它很可能会对你的信念系统产生真正的影响，你也更有可能接受这个说法。

原则 15

修辞性疑问句——用提问让顾客记住你

修辞性疑问句其实是一种伪装成问句的陈述句。它绝不是什么新方法。亚里士多德在有关演说技巧的经典指南《修辞学》（*The Art of Rhetoric*）中就已提到过它。众所周知，在电视里，律师们喜欢在盘诘中使用修辞性疑问句来给对手施加压力，让对手失去平衡，并给自己的论点增添几分真实的气氛。例如：“在你将一团奶酪扔到他头上仅仅几分钟后，你就用一把餐叉插入他的眼睛里，难道不是这样的吗？”使用该原则的其他例子有：

- 戴亚肥皂的电视广告：“难道你不喜欢使用戴亚？难道你不希望每个人都使用它？”
- 1926 年，Rinso 洗衣液在报纸上刊登的广告：“还有谁想毫不费力地把衣服洗得更白？”
- 罗雷兹公司提出这个问题：“你怎么拼写‘轻松’一词？”

★ 北美洲私人独资广告公司 W.B. 多纳显然是这种修辞的狂热爱好者。它在其令人难忘的商业活动“为了得到克朗代克雪糕，你愿意做什么？”中就使用了这种技巧。（就我个人而言，我会为任何表面覆盖着巧克力的美味做很多事情，不过还是让我们言归正传吧。）

这个简单的技巧允许广告人提出听起来真实，但实际可能是用来劝诱消费者的主张，同时，不必用事实证据或逻辑论据为之提供支持。有些研究指出，使用修辞性疑问有时能够改变人们的思维方式，修正其购买行为。要点在于，如果消费者不细想广告人传达的信息，就会滑入一个修辞性疑问，它会吸引人的注意力，并鼓励他们启动一些脑细胞，考虑这个信息。

根据麦克罗斯基在 1986 年提出的观点：“这么做的原因要归结于我们所受的社交训练。当有人问我们问题时，我们必须做出回答。然而，要给出正确的回应，就要求我们首先理解这个问题。”

要点：听众或读者会有意识地尝试考虑广告人所传达的信息，这就使得成功说服他们的可能性得以增加。

德高望重的传播学学者多尔夫·齐尔曼在 1972 年做了有关该主题的研究。另外还有几位研究者追随他的足迹。尽管这个观点听起来很棒，但不幸的是，关于这个技巧的效果，却没有达成多少共识。

有人说："是的！它管用！"[7]而来自其他研究的结果则认为："不，它并不是在所有环境下都特别有效。"[8]1998年，研究者盖尔、普赖斯和艾伦分析了当时能够获得的有关该主题的研究，得出结论：修辞性疑问对说服他人没有什么影响。其他研究则指出这种技巧会让观众感觉被施加了压力，受到劝说，因此，导致他们更挑剔地看待你的信息，认为你在这个主题上不是那么权威。

尽管做了这么多研究，但是对于修辞性疑问句，难道没有任何一个可让我们所有人一致赞成的观点吗？也许只有这一点达成了共识：修辞性疑问句的使用或许有助于增强信息的持久力。旨在强调一个观点，而非说服别人，可能会让观众记住你的信息。对某件事考虑得越多，你在此事上用的脑细胞就越多，也就越有可能记住它。

---

7 布尔科兰特与霍华德，1984；恩慈勒与哈维，1982；霍华德，1990；霍华德与凯琳，1994；佩蒂、卡乔波与赫塞科，1981；斯瓦塞与芒奇，1985；齐尔曼，1972；齐尔曼与坎托，1974。

8 坎托，1979；芒奇、伯勒与斯瓦塞，1993；芒奇与斯瓦塞，1988；彭托尼，1990。

原则 16

证据——给顾客相信你的理由！

每当我坐下来撰写广告文案时，我都很清楚：除非我能说服你，让你相信我，否则，你就不会登录 PayPal，让我银行账户里的钱变得更多。那意味着，要将你从目前的信任、怀疑或忽视状态中释放出来，并说服你相信我出售的东西比你口袋里的钱更有价值，就得依赖于我所用的词语。

你从这个角度考虑过吗？这是支撑你的产品和服务的良好背景。当人们相信你出售的东西比他们用来换取它所需的美元更有价值时，他们就会从你这里购买。例如，在广告研习班上，我说："让我们做一个有关消费心理学的小实验。"我掏出一个信封——上面印着一个大大的问号，然后问道："谁有 20 美元的钞票？"有几个人举起了手。我挑选出其中一个，走到她身旁，提出下面的问题："如果我要求用这个信封里的东西交换你的 20 美元，而且你要知道，一旦我们完成交易，你就无法把你的钱要回去，那么，在交易之前，你会问我什么问题？”

无一例外，参与者都回答：“信封里有什么？”不管我在这个国家的哪个地方举办讨论会，每当我提出这个要求时，参与者总会问我同样一个问题：“信封里有什么？”

这说明了什么？它说明，消费者在做出任何购买决定之前，都在想同样的事情。在交换任何有价值的东西之前，不管是时间、物质或金钱，他们全都想知道一件事。他们都想知道这个重要问题的答案：“我会从中得到什么？”这句话的英文首字母缩写是“WIIFM”（What's In It For Me）。在弄清楚 WIIFM 之前，他们不仅会为是否做这笔交易而犹豫不决，而且，在我问他们是否有一张 20 美元的钞票时，他们甚至都不愿意举手回答我的问题！这暗示了那个伴随很多购买决定的恐惧：遭受损失的恐惧。（把最后一句话再读一遍。）

接下来（注意它跟这个实验所形成的对比），我举起一个能明显看到里面装着 20 美元钞票的塑料袋。我问听众：“谁愿意用 1 美元的钞票交换这个装有 20 美元钞票的袋子？”不出所料，数十只手举了起来，仿佛我刚刚提出要抛出一枚克鲁格金币，谁能接住它就归谁一样。在这个例子中，观众——这些消费者——表明，他们一旦知道 WIIFM，也就是他们可以从中获得的利益，就更有可能用钱交换袋子里的东西。广告的基本原则是告诉你的潜在顾客，他们可以从你出售的东西里获得什么利益。而且这个例子正是证明这一原则的最好方法。你必须、必须、必须说服他们相信“你袋子”里的东西比他们为它所付出的金钱更有价值，否则交易就不会发生。

好吧，我们已经知道必须说服潜在顾客相信我们所售之物的价值了。说服意味着产生信念，那么我们怎样让他们相信呢？一个经过验证的绝佳途径就是提出具有说服力的证据。“证据”一词的定义：任何真实的陈述、对象或观点，只要创造它的和它要支持的不是同一个事物，那它就是证据。[9]更简单地说，证据可以是事实、数据、证明书、担保、研究、图表、视频等，只要它不是身为广告人的你自己创造出来的即可。

研究结果认为，证据是有效的，而且效果很好。这一点毫无疑问。使用可靠证据的广告人比那些使用不可靠证据或根本不使用证据的广告人能更有效地说服消费者。让我们面对这个事实吧：你别天真地以为自己创造出一个列举大量好处的广告，人们就会相信你写下的话。他们第一次看到你的广告就很清楚你在试图说服他们。如果你提供的是他们感兴趣的事物，那他们就想相信你提出的主张。因为相信你的主张，购买你的产品，可能会让他们享受到你承诺的好处。这就像去参加一个个人发展研习班听一位专业讲师讲课一样。你坐在那里可不是希望演讲人把事情弄得一团糟，你想要他们好好完成工作，你想要他们讲得头头是道，打动你，甚至让你的生活变得更好。

同样，如果你出售的东西有望解决我遇到的一个问题，或以某种方式改善我的生活，那么我就想确信它是否真像你说的那样有效。但与此同时——而这就是你无法每次都赚钱的原因——我也不想让你占我的便宜。要成功地诉诸我的情感，让我兴奋得愿意

9　赖因哈德，1988。

花钱，这就取决于你；提供充分的理由——对昂贵的产品尤其如此——让我能够证明我的钱花得值，从而满足我作为成年人的责任感，这也取决于你。证据除具有说服作用外，还为你的公司创造了一种正面印象，让人觉得它提供的是“合理的”产品和服务。（毕竟，它们有证据支持！）

当我们要购买重要或昂贵的商品或服务时，证据是最有效的。在这样的环境下，我们会慎重地做出购买决定，并考虑相关的理由和问题。作为一种附带的好处，深入、理性（中央路径）的思考能够引起潜在顾客的态度发生长期改变，使他们抵制你竞争对手的销售信息。难道这不是一种有用的好处吗？

非常有趣的是，即使习惯于外围路径（肤浅）思考的人也会受到强有力的证据影响。面对各种事实、数字、证明书和图表，这些人会说：“哇……看看这些事实和数字，它们肯定是真的！”

CA$HVERTISING 小贴士

为了影响那些喜欢用外围路径思考的朋友，要确保广告以清楚、易于理解的方式提出证据。习惯外围路径思考的人不愿意花时间琢磨你想说什么。他们会看数据，然后根据这些数据快速做出决定。因此，你应该突出各种彩色的图表、事实、数字以及来自可敬的知识分子和专业人士的评荐。

一旦某个推销员把潜在顾客“逼到角落”，他就可以对顾客使出全身解数。但在平面广告中，你只能在有限的空间内说服别人赞成你的观点，也只能在有限的时间内吸引读者的注意力，并且在整个销售广告中维持这种注意力。下面这个原则有效地利用了这些时间限制，鼓励读者使用一种被称为“探索法”的心理捷径，它在心理学上具有强大的威力。

原则 17

探索法——给出足够全面的购买理由

首先，让我们克服自己对这个陌生词语“探索法”的恐惧。它的英文“heuristics”读为“hyu–RIS–tiks”，是希腊词“heuriskein”的变体，而“heuriskein”的意思是“发现”。探索法属于获取（或发现）知识的过程，但它不是通过批判性思考和推理，而是通过理解性的猜测来获取。之前，我们专门讨论社会心理学家罗伯特·西奥迪尼推广的 CLARCCS 6 大诱因时，我们曾通过不那么拗口的术语“诱因”提到这个过程。

面对西奥迪尼的成果，研究者斯特克和伯恩斯坦不甘示弱，也提出了自己的说服性探索法，准确地说，这种方法包括三种类型：“长度意味着力量”探索法，“喜好 – 赞成”探索法——它被更亲切地称为“平衡理论”，以及“多数人同意意味着正确”探索法。在此，我们只探讨第一个原则——长度意味着力量。因为我们在讨论西奥迪尼的 6 种影响力的武器时，已经在喜好与攀比这两种诱因中分别论及另外两种原则。

让我们面对现实：人类是懒惰的动物。大多数人在做决定时都喜欢走最快的路径，因为这么做用不着费劲儿，可以免除思考的“痛苦”，也不需要考虑所有庞杂的细节。如果能很快做出决定，那么我们就能回去做更有趣的事情，比如在网站上观看荒谬可笑的视频。说到使用大脑，对我们当中的很多人而言，很多事情都比深思熟虑更令人愉快。天才发明家托马斯·爱迪生说得最好：“人一有机会就希望避开思考的苦事。”

这时，探索式决策就会伸出援手！你瞧，如果我们接触到合适的信息，我们的“精神列车”就会待在它们的外围处理轨道上，只需花几秒钟或几分钟，而非几小时、几天或更长的时间，就完全准备好驶入车站，做出决定了。除了西奥迪尼的6大影响力诱因，心理学家和研究人员还列出若干探索法，但它们并非全都适用于广告。不过，下面的探索法是最普及且最有效的，你可以马上使用它。

“长度意味着力量”探索法可以产生类似证据的影响力。它建立在这样的设想基础上：如果广告很长，且包含大量可靠的事实和数字，那么它宣传的产品或服务就更有可能获得人们的好感。实际上，它会让你的潜在顾客认为：“哇……看看这里有多少信息啊，它肯定是真的。”这就跟听某人长篇大论地谈论某个特定主题类似。最终，当你已经听够了之后——只要其表达还算优雅——你很可能就会觉得讲话的人确实了解他所谈论的东西。毕竟，“他讲了那么久！”当然，长度本身并不意味着某种事物可信，但这个原则恰恰是如此产生作用的。

在广告中填满各种证明是将潜在顾客的大脑转向“第一探索频道”的一种方法。另一种方法是撰写又长又动人的文案。长长的文案不仅让你有更多的机会去劝说潜在顾客，还能让他们相信：因为里面有那么多说明文字，所以其中肯定有特别之处！然而这正是“长度意味着力量”探索法的精髓所在。

你有多少对产品非常满意的顾客的照片？将它们放到你的广告、宣传册、推销函和网站上。只需展示一张照片，它所传达的信息就跟一名心满意足的顾客所传达的差不多。展示数十张这样的照片，单是它们的数量，就能让读者对你所提观点的可靠性与确定性产生非常正面的看法。

还记得在移动目标公司的那位客户杰伊·希弗吗？他向自己的潜在顾客送去一份四页的全彩宣传册，称为“101 个成功故事”。里面包含了来自那些对他的服务赞不绝口的客户的 101 份证明和照片。即使你没有读完这份销售宣传册里的所有信息，你也会立刻倾向于相信他推出的服务真的有效。它不单具有轰动性的强烈效果，而且有 101 个人都这么说！

为了推广我的广告研习班，我制作了一份 8.5 英寸 ×14 英寸的单页传单，并称之为“畅所欲言”单。传单分为窄窄的三栏，里面写满了来自研习班学员的赞誉，还包括他们的姓名、公司名称、所在城市和州。在传单的左上角，放着我的照片，右边是巨大的粗体字标题：

学员们畅所欲言！他们谈论的就是德鲁·埃里克·惠特曼的CA$HVERTISING研习班！

传单上密密麻麻地列满了那么多生动的证明，等你读完，或者只是浏览一遍之后，就感到头晕目眩了！你知道，至少是探索式地知道，它肯定自有特别之处。

你能给潜在顾客多少合理的理由去购买你的产品或服务？简单的列表就很有效。在我为 Day-Timers 制作的广告中，我向潜在顾客列出了 22 个购买 Day-Timers 档案夹的理由，几乎从每个角度去打动他们。如果你有将生活安排得井井有条的倾向——哪怕这种倾向最微不足道——这份单子都会让你为自己将享受到的众多好处而感到兴奋，同时，通过我列出的 22 条购买理由，你可以确信这个产品具有真正的价值。

你的潜在顾客或许会忽视你抛给他们的一些信息。但是如果你提供足够的信息，“长度意味着力量”探索法就会产生作用，从而挽救败局。“瞧，这单子好长啊！也许里面有一些说法并非完全真实，但这一条看起来是正确的……这一条也很棒……嘿，这些都是很有用的。”

一名政客站在一群人面前，掏出一份长达 50 页的文件。他声称，里面包含了超过 200 个例子，全都说明了他的对手特德·托皮在这个国家面临的一些重要问题上如何摇摆不定。他“啪”的一声打开文件，开始一个接一个地阅读那些证明对手摇摆不定的事例。

为了给听众留下深刻的印象，让他们明白对手的这个令人不安的特点所涉范围之广，问题数量之多，他每读一条都会大声地计数。不光他阅读的内容让听众忧虑，单是那些话的数量也具有同样的效果。（且不管其中 95% 的引用对手的话都脱离了原来上下文的背景，其他还有一些是断章取义拼凑起来的。）

但是这位政客并未就此止步。决不。接下来，他给对手这些不可靠的叙述加上一个标签“托皮诡计 200 条”，并开始在自己的平面广告和电视广告中一再提及。他把这份文件印刷装订起来，在各种集会上散发。他又将文件转为 PDF 格式，在网上供人们随时下载。人们在阅读文件的前几页后，飞快地翻阅剩下的内容，并且清楚地看见每条“摇摆不定”的引语前都有粗体序号。1 000 个读者中，都不会有一个去核实任何内容。谁有时间干这种事？于是，“托皮诡计 200 条”开始像那个政客预料的那样产生作用，并最终获得了独立的生命力，出现在 T 恤衫、YouTube 视频网站、保险杠贴纸和博客上。几乎没有人能读完整份文件，但是谁需要呢？你可以看到里面有 200 条！所以你会觉得它肯定说得有一定的道理！

可怜的特德 · 托皮。他是探索法杀人的最新受害者，他是被“暗示”致死的。事后看来，他从未真正弄明白这个策略到底是如何对他产生不利影响的。说起“探索法”，有趣的是，在那些投票反对特德 · 托皮的人当中，100 个里面都未必有一个听说过这个词。

第三章

广告公司的秘诀：41 条百试不爽的销售技巧

别去重新发明灯泡……只需把开关打开即可！托马斯·爱迪生拥有 1 093 项发明专利，多到不可思议。他发明的不是荒谬、无用的小玩意儿——就像美国广播公司（ABC）真人秀节目“美国发明家”中 99% 的参与者发明的那些东西，而是众多改变生活的革命性发现，影响了全球数十亿人的生活。这些发明包括留声机、白炽灯、电影摄影机、自动电报系统、通用证券报价机、电子计票器、蜡纸油印机、电话机以及其他很多东西。

说起坚持不懈，在为改进白炽电灯（当时既有的灯泡都无法亮很长时间，或者对于小型空间来说太亮了）所做的工作中，爱迪生及其助手尝试了超过 3 000 种不同的理论和数千种植物材料。

“在获得成功之前，”爱迪生说，“我在全世界到处搜寻最适合做灯丝的材料，试验了不下 6 000 种植物材料。”

唉！如果是你，你会在什么时候放弃呢？

“德鲁，这很有趣，但你为什么讲历史呢？”为的是提出一个观点。如果出于某种古怪的原因，你想自己造灯泡，那么，阅读爱迪生的实验日志，看看他是怎么做的，这不是比花数年时间重复他那些失败的实验更明智吗？

当然！你会简单地重复他的做法，很快制造出一只能够维持很长时间的灯泡，然后继续自己的生活。每当你在准备尝试某项任务，而研究那些在这方面获得成功的人时，你都为自己扫清了一条令人难以置信的成功捷径。

同样的道理也适用于广告。你不需要花费多年时间和数千美元去做实验，因为已经有数千位爱迪生这样的人为你做过了。如果你喜欢做实验，那就把自己搞得精疲力尽吧。但是如果你想马上要结果，为什么不省掉那些麻烦，直接按照那些行之有效的方法去做呢？要知道人生苦短啊。

下面的 41 种技巧已经得到证实，众多广告公司专业人士、营销专家和乐于奉献的消费和社会心理学家通过数十年的现实生活试验为它们提供了保证。对你我而言，最重要的在于，事实证明，每种技巧在它唯一真正具有重要性的地方——现实生活中是有效的。

事实：等你读完本书时，我保证——关于如何创造出可以大赚一笔的强效广告，你学会的知识将比你 99% 的竞争对手在其整个职业生涯中了解到的更多。现在就让我们开始吧。

秘诀 1

简明扼要才能让人容易理解

别再读这本书了。因为如果你没有遵循第一课中提出的建议，那么，不管产品有多棒，你的广告都有可能失败。这是我随后将教给你的一切知识的基础。这就像对一个刚开始学习拳击的学生说第一课是“如何站立”一样。单调？也许吧，但是如果因为这一课单调而将它略去，那么他很可能在首次踏进拳击赛场时就脑袋搬家了。道理尽管浅显，却至关重要。如果你轻视这个标题，那你的广告（以及你的业务）——就像那个拳击新手一样——就可能接二连三地遭到痛苦的打击。

事实：广告的目的是让人们采取行动。我们用来创造平面广告（跟广播、电视上的广告相反）的工具是文字（与声音和移动的影像不同）。因此，为了让我们的广告给人留下深刻的印象，我们就要把文字打磨得令人印象深刻。当然，这也要求我们的写作方法必须能让读者理解我们在说什么，要尽可能简明扼要。前面已经讲了所有有效的书面交流的关键：写得明白易懂。这个观点的基础是“消费心理学原则 11：信息的组织——让顾客真正理解你的广告内容”。

> 要写得让黑猩猩都能明白。简单，直接。
>
> ——尤金·施瓦茨

你可能拥有当今最伟大的发明，但是如果没有人能够理解它的功用，那么它跟最失败的发明也没什么区别。不管是哪种情况，人们都不会买你的东西。直到他们理解了你的信息，你与潜在顾客之间才会形成有效的交流。仅仅在报纸或杂志上登一则广告，或你的网站上线了，这并不意味着你就在有效的交流。你是在做广告，除非有人阅读并理解你的广告，否则你就只是在自言自语。然而，要自言自语，你根本就不需要一分钱。（我经常自言自语，所以我知道。）

试图写得简明扼要是一回事，但是要真正做到这一点完全是另一回事。如果缺少尝试——要求朋友、邻居和家庭成员阅读你的广告文案——那么你就很难真正明白你的文案到底有多少的可读性。让鲁道夫·弗莱施博士来拯救你吧！

弗莱施易读性公式

鲁道夫·弗莱施博士在其著作《大白话的艺术》(*The Art of Plain Talk*)中分析了让写作易于或难以阅读的因素。20 世纪 40 年代初，他给出一个确定易读性的公式，今天我们仍在使用。如果你使用的是 Microsoft Word 软件，只需敲一个键就可访问你的“弗莱施易读分数”(Flesch Reading Ease Score，缩写 FRES)。按照从 1 到 100 的分数等级，分数越高，说明你的文章易读性越强。如果你是一个数学爱好者，或者你只是想弄清楚这个公式是如何运作的，那么不妨参照以下 5 个步骤。

步骤 1　计算字数：缩写、带连字符的单词、缩略语、数字、符号以及它们的组合都算作单个的字，例如 shouldn't，extra-rich，TV，12，&，$17，5% 等。

步骤 2　计算音节：按照读音计算每个词的音节。缩略语、数字、符号以及它们的组合都算作单音节词。如果一个单词有两种可以接受的读音，就按照音节少的那个计算。

步骤 3　计算句子：每个由句号、冒号、分号、问号、感叹号或破折号分开的完整语音单位都算作一个句子。不包括段落标记及一个句子之内的冒号、分号、大写的首字母或破折号。

步骤 4　确定每个单词的平均音节数：用音节总数除以字数。

步骤 5　算出每个句子的平均字数：用总字数除以句子数。

结果，就是你文章的可读性分数。

弗莱施举了一个绝妙的例子来说明复杂性会怎样影响分数。“约翰爱玛丽”这个句子获得92分——非常易懂。现在让我们增加难度。“约翰深深地爱慕着玛丽。”没有前一个句子那么简单或明确，对吧？分数：67。还不算太糟，但绝对是正在朝着错误的方向发展。现在是最糟的：“尽管约翰通常不会表露自己内心的情感，但是，据说他对玛丽产生了深深的爱慕之情。相比之下，他对露茜、弗兰的感情就比较温和，对苏就更一般了。”嘿……多么冗长、混乱啊！分数：32。很难懂。你看出眉目了吗？它成了一个反复无常又十分复杂的句子，而且加上好几十个很难读的单词，现在它的难读程度都可以和《哈佛法学评论》(*Harvard Law Review*)匹敌了。你可以确信，罗密欧绝不会用这种方式表达他对朱丽叶的爱慕之情！

这些分数又是怎样转换为相应的学校年级的难度呢？根据弗莱施的著作，它们的等级是这样划分的：

分数	对应的年级
0 ~ 30	大学研究生
30 ~ 50	大学生
50 ~ 60	10 ~ 12年级
60 ~ 70	8年级和9年级
70 ~ 80	7年级
80 ~ 90	6年级
90 ~ 100	5年级

如果你的分数太低，弗莱施建议你：“缩短单词和句子，直到你

获得自己想要的分数。”事实上，为了让文章最简单易读，他建议句子的长度约为 11 个单词，而且在每 100 个单词中，至少应该有 14 次提到人（如鲍勃、艾琳，以及他、她这样的代词等）。

人们只会用很少的精力去看你的广告，因此，你得让自己的广告简单易懂。

——约翰·卡普尔斯

其他研究者不甘落后于弗莱施博士，他们自创的易读性指数也开始如雨后春笋般冒了出来。“迷雾指数”告诉你，要理解你写的东西，你的读者需要受过多少年的教育；美国国防部用“弗莱施－金凯德指数”来检测那些令人头昏脑涨的枯燥表格、出版物的易读性；麦克劳林“公文易读性测试”公式是 1969 年由伦敦《镜报》（*Mirror*）编辑哈利·麦克劳林研发的；还有福凯斯特公式，是用来评估美国陆军技术手册和表格的；此外还有其他很多类似的指数。

CA$HVERTISING 小贴士

你注意到刚刚发生什么事了吗？我一方面评论正在进行的活动——具体而言，也就是你阅读本书的背景，另一方面又暗示我使用自己的电脑，“正处于写作的一端”，从而让你脱离了自己的阅读惯例，不是吗？很可能你会感觉，从时间上说，你在某种程度上更“接近”正在进行的事情，因为我把你的注意力吸引到这上面来。我把关注的焦点从正在讨论的主题转移到评论主题之外的当前事务上。现在，别再阅读这些题外话（我又这么干了！），让我们言归正传吧。

这里有两个测试段落，谈论的都是同一个提议。把两段话阅读一遍，看一看你最喜欢读哪个？哪个读起来最轻松？哪个的意思最明确？在你读完之后，我会告诉你电脑分析的结果。

测试段落 1

你愿意通过自制冰激凌获得每月 10 000 美元的收入吗？（我妻子林赛和我就是这样做的。其实，有时我们还会再多赚几千。我们把这个技术推荐给史蒂夫，现在他每个月轻轻松松就可以多挣 4 300 美元。）如果愿意，那就继续往下读。因为等你读完这封信后，你就会知道该怎么做了。事实上，我打算泄露一些秘密，把 48 条内部秘诀告诉你，1 000 个人里都不会有一个知道这些秘诀。它们中任何一条的价值都抵得上你为这个套餐所花的费用。

测试段落 2

如果你想获得大量的资金来源，请密切关注下面的信息。多年来，冷冻甜食业内无数人都一直严守秘密，从未向外界透露一条捷径——让你在极短时间内成为手工冰激凌的生产者，同时让你的产品供不应求。虽然他们一想到向公众传递此类数据就不寒而栗，但是我非常乐意将这些所谓特许信息告诉你。

现在，让我们很快浏览一下这些统计数据[1]。

段落	每段句数	每句的单词数	每个单词的字母数	弗莱施易读性分数（1–100：数越高越好）	弗莱施 – 金凯德年级层次
1	7.0	13.1	4.1	72.1	6.4
2	3.0	25.3	5.3	34.1	14.7

真是天壤之别啊！尽管测试段落 1 包含的句子更多，但是测试段落 2 以更长的句子为特色，平均每个句子包含的单词比段落 1 多 12 个。更长的句子就意味着想法更复杂。为了跟上它，人们就需要更多脑力。你越是要求人们思考，你就越可能失去他们。

此外，测试段落 1 使用的单词也更短。但是这两个段落最大的区别在哪里呢？在弗莱施易读性分数和弗莱施 – 金凯德年级层次方面，凭借 72.1 的分数（记住，100 分是最好的），测试段落 1 易于理解，跟你在观看自己最爱的电影时听到的对白属于同一等级，一个六年级的学生应该就能阅读和理解这段话。相比之下，测试段落 2 和《纽约书评》（*New York Review of Books*）的得分相似，远远超

1　根据英文原文计算的。——译者注

过了普通人的阅读和理解水平。它只得到 34.1 的低分，处于“大学生”的阅读水平。据美国教育部所说，美国国家教育统计中心（National Center for Education Statistics）的数据表明：

1. 2007 年，只有约 30% 年龄介于 25 ~ 29 岁的人已获得学士及以上学位。
2. 约 340 万年龄介于 16 ~ 24 岁的人都是中学辍学者。

不管你的潜在顾客具有怎样的教育背景，短单词和短句子都会更容易阅读。（当然，也不要都用只有三个字母的单词及过短的句子和段落。让它们多样化，这样，文案就会很自然而不单调。根据一个不错的经验法则，你的文案大约 70% ~ 80% 都应该由单音节单词构成。）

这个软件也能够检查弗莱施所说的“明确的词语”，也就是名词、专有名词、代词、动词和具体的词。你使用的词语越具体，读者就越容易理解。“乔伊吃巧克力”比说“某人做某事”更明确。

不能说：

获得财务上的成功。

而要说：

你每周的收入可多达 2 495 美元。

不能说：

想让你的整个身体看起来更迷人吗？

而要说：

男人们！你们想要肌肉起伏、如石头般结实的肚子吗？

女人们！你们想要纤细、性感的大腿吗？

那些标题会让他们为之倾倒的！那么，为了让自己写的东西更加易读，请遵循以下 4 条简单的秘诀。

使用简短的词语

当我继续发送以下信息文本时，我希望你们明白：绝大多数人无疑会开始提出相反的意见。我如此推断是基于这样的事实：他们的生活经历要求他们接受的准则恰恰跟那些以善意的姿势向他们发出的准则相反。不幸的是，在一种视教育原则为至关重要的气氛中，我要赶快指出数据获取中的潜在损失。然而，在这种相当麻烦的局势下，这实在是可以察觉和预料到的结果。

你享受阅读上述段落的乐趣吗？很可能不会。为什么？因为它听起来像是一名患有便秘症的哈佛法学教授写的。根据麦克劳林“公文易读性测试”公式判断，这段文字是按照研究生的阅读水平来写的，跟国税局法规的难度相当。不幸的是，以这种方式写东西的人比你想象得还要多。如果让这个人来写广告，那就更加不幸了！但是人们以这种方式写作也有充足的理由：这就是学校教给很多人的写作方式！

在学校里，老师教我们像成年人那样写作，说话用“大”词。因此，“疲劳”一词变成了“精疲力竭”；“饥饿”变成了“饥肠辘辘”；“大”变成了“庞然大物”；“固执”变成了“顽固不化”；“邪恶”变成了“穷凶极恶”。

但是，你有没有看到你我的身上发生了什么？因为我们接受的训练是以这种方式写作，所以我们写任何东西都倾向于这么写。这意味着每次写广告、宣传册、推销函、电子邮件或网页时，我们实际上都是在扔钱。为什么？因为没人理解我们说的那些话是什么意思。

忘掉我们在学校和生意中学到的那些东西吧。记住，只需简单、清楚、自然地表述即可。

句子越短越好

阅读短句更容易，不是吗？当然了！它活泼生动，也更令人兴奋，难道你不这么认为？把你的句子切开，这样就能让人们的眼睛紧盯着你的广告文案，吸引他们阅读更多。

经验法则：读者每次只处理和理解一个想法的话要容易得多，所以，你的每个句子要只表达一个想法，不能多。而且，你说的每件事都很重要，你希望他们理解你的每一个销售要点，那就照着好心的弗莱施博士的建议做吧：

1. 使用更短的单词——70% ~ 80% 的单词都应该只有一个音节。

2. 写更短的句子——目标是每句 11 个单词。

这样，人们会阅读更多的文字。而他们读得越多，你越有更大的把握说服他们购买。他们买得越多，你挣的钱也就越多。

段落简短的诀窍

下面介绍当今顶级广告撰稿人所使用的一大诀窍，它能让人们以更快的节奏阅读。你简单地提出一个问题或做出陈述，然后在下一段用寥寥数语回答那个问题或继续陈述那个想法。下面举个例子：

亲爱的鲍勃：

你想知道一个只需看看电视就能赚钱的秘诀吗？

我想是的。

现在让我来解释……

段落简短的诀窍不仅能让读者的目光顺着页面移动，还会加快他们的阅读节奏，让你的广告或信函看起来更有吸引力。（跟排得满满当当、密密麻麻的一大页文本相反。）但是，也别过度使用这个技巧，否则，你写的东西看起来会过于机械。将你的常规段落限制在 4 个或 5 个短句之内。

德鲁·艾伦·卡普兰对这个诀窍颇为精通。在那份极受欢迎的高科技电子装置直邮目录中，卡普兰撰写了非常吸引人的文案，就像卖煎饼一样轻松地售出了那些产品。开始他只是在位于美国加州大学洛杉矶分校（UCLA）的一间逼仄的宿舍里经营这家小公司，后来却使之成长为一个拥有 400 名员工的庞大的销售机器，卖出了 450 000 台雷达探测器、250 000 台立体声均衡器、100 000 台低音炮和 900 000 台面包机。在他的每一份全页直销目录广告中，第一段的每句话几乎都只有 2 ～ 4 个单词。我刚刚在他的网站上浏览了 8 种产品，其中有 6 个都使用了这种技巧：

* 我承认。
* 我们免费。
* 它很难。
* 这很重要。
* S.W.A.T 团队使用它们。
* 这是个问题。

要将人们吸引到你的文案上来，这是一种快捷而轻松的方式，而且，它受到了广告业内一些著名人士的支持。

> 限制开篇第一段的字数，最多不要超过 11 个单词。
>
> ——大卫·奥格威

让人称代词充满个性

最后，要给你的广告文案塞满代词，如你（们）、我、他、她和他们。尤其要大量使用“你”和“我”。代词会让文案带上温暖、人情味儿，这样就会立刻吸引人们的注意力。它有助于将集体交流变成个人交流——这是最有效的交流方式。事实上，在构思巧妙的文案中，“你”这个词再怎么大量使用都不为过。你可以用它开始一个句子，用它结束一个句子，用大号字突出它，把它放在标题里，用代词提问和陈述：

“你是否会……你能否……你是否愿意……你是否应该……我能问你一个问题吗？我能征求一下你的意见吗？我能听听你的观点吗？你知道吗……让我告诉你……我认为你会喜欢这主意……”

好了，让我们复习一下，你到现在为止都学到了什么。

你学到，为了让广告获得成功，你必须首先意识到是什么阻碍读者理解你的信息。

你学到，读者不关心你的词汇量有多大，只关心你能为他们做什么。那意味着你应该使用更短的单词、句子和段落。

你学到，广告文案不必遵循大学作文的所有规则。你的文案只有一个目标：卖！卖！卖！

你学到，怎样使用提问来吸引人们注意到你的文案，并使他们保持阅读兴趣。

你学到，怎样使用代词如“你”和“我”来让广告文案听起来像私人交流。现在你知道，通过利用弗莱施易读性公式，有一个简单的方法就能确定广告文案的可读性。

CA$HVERTISING 小贴士

你看到我是如何在上面五段中重复使用“你学到”的吗？使用段落起始词可以有效地提高阅读速度。重复可增强读者对数量的认知，根据我们在第二章讨论的“长度意味着力量”探索法，它有助于提高广告的可信度。其他效果卓著的段落起始词有：“我们保证……”“我们承诺……”“你将收到……”以及诸如此类的表达。即使你真的没有学会那些东西（尽管我像鹦鹉那样翻来覆去地说“你学到”），单是词语的重复也能让你怀疑自己的感觉，因为“它是那么自信……那么具体”。

秘诀 2

用各种好处轰炸读者

现在，让我们谈谈这个价值不菲的秘密：好处。使用它的目的是为了钻进读者脑子里。如果你没有在自己的广告中融入这个观点，那你还是卷铺盖去尝试其他行业吧。

还记得我们在第一章讨论的“八大原力”吗？你或许还记得，八大原力是我们与生俱来的主要欲望。这些是从生理上驱使我们必须满足的强烈需要，不管我们是谁，生活在哪里，做什么事情，都不能例外。如果你的产品或服务能够满足这些欲望中的一种——或9种次要需求中的任何几种——那么你就有条件提出利益主张，它们能够像滚雪球一样推动销售的增长。但是，如果你不把产品的好处放在广告宣传（不管它是广告、宣传册、推销函、网站或任何东西）中，那你就跟自己的钱吻别吧。

现在，让我们从广告的角度分析一下什么是“好处”。好处就是那些能向潜在顾客提供价值的东西。直接受益于这些东西的不是你，而是你的潜在顾客。好处跟特色是一回事吗？不是！你必须了解二者的区别。“特色”只是一种产品或服务的组成部分。例如：

产品：劳斯莱斯幻影豪华轿车

特色：手工精选的高级座椅皮革。

好处：在所有气候条件下都能享受奢华的舒适。

特色：威尔顿羔羊长绒地毯。

好处：脚下非常柔软，奢华雅致。

特色：453 马力、排量 6.74 升的 V-12 发动机。

好处：马力足，超级可靠。

特色：大胆、高贵的设计，艺术家查尔斯·赛克斯的“欢庆女神”骄傲地飞翔在引擎盖上。

好处：权力、成功以及“功成名就”的感觉。

明白了吗？特色是属性，好处是人们可以从那些属性获得的东西。然而诱惑人们掏钱购买的正是好处。记住，人们在阅读广告时一直都在有意识地思考：“WIIFM？（What’s In It For Me）——我能从中得到什么？”在你的广告中塞满各种好处，告诉你的潜在顾客他们会得到什么，怎样获得，他们的生活将怎样得以改善，那么你也就回答了那个他们一直试图弄清楚的 WIIFM。当你这么做时，他们对你产品的欲望就会增强，你离销售成功也就不远了。

> 消费者购买的基础是产品的用途，而非产品的组成部分。
>
> ——美国报业协会

在我的研习会上，我会用一个很受欢迎的二人互动练习——“特色－好处练习”——来把这个问题讲透彻。

我挑出一对参与者，要求他们一个扮演销售商家，另一个扮演潜在顾客。销售商家从向潜在顾客介绍产品或服务的一个特色开始。然后我指示潜在顾客回应道“好主意！可是我能从中得到什么？”为了体现出仅仅描述产品的特色是多么没有意义，我指示潜在顾客在大声说出那句话的同时，把双手伸向空中，露出厌恶的表情。而且销售商家必须回答潜在顾客的问题：“你能得到的好处是……”

下面是一次典型的互动：

销售商家：“我出售的产品是喷墨打印机。它的特色是拥有多个墨盒。”

潜在顾客：“好主意！可是我能从中得到什么？！”（双臂往头顶上一挥）

销售商家：“你能得到的好处是可以节约一大笔钱，因为你不必在用完一种颜色的油墨之后就更换整个油墨块。”

潜在顾客：“这倒也不错……我现在这个打印机可是让我花了一大笔钱。”

销售商家：“第二个特色：纸盒可容纳 500 张纸。”

潜在顾客：“好主意！可是我能从中得到什么？！”（令人不安的厌恶表情）

销售商家：“你能得到的好处是不用经常给纸盒装纸。其他打印机大多数装的纸张最多只有我这个的一半。”

潜在顾客：“听起来正是我想要的打印机。老往里面装纸可真麻烦。”

销售商家：“特色三：超级草稿模式按钮。”

潜在顾客：“好主意！可是我能从中得到什么？！”

销售商家：“你能得到的好处是可以在油墨上节省很多钱，因为超级草稿模式比其他打印机的普通草稿模式要少用 50% 的墨。”

当几十个扮演潜在顾客的学员带着恼人的表情以及很不耐烦的狂乱手势大叫时，房间里往往会爆发出阵阵笑声。等练习结束时，销售商家的扮演者就很清楚该怎样出售自己的产品了。毕竟，他们被那些潜在顾客搞得非常沮丧，而且他们只有在表达出潜在顾客一直考虑的东西后才能获得认可！

抱歉，人们对你的新设备不感兴趣（除非它能带给他们好处），他们对你的十周年庆典也不感兴趣（除非你搞大减价）。同样，你那些工作人员的照片或许全都很温馨，但是除非你在上面倾注了各种有益于顾客的东西，否则没人会买你的账。你的潜在顾客真正关心的是自己能得到的好处。通过好处，可以接通我们在第二章的消费心理学原则 5 里说的“手段—目标链”，它提出要始终聚焦于核心益处和积极的最终结果。给广告塞满各种有利于消费者的好处，这是所有成功广告的关键。

> 快点说，还要说真话，
> 否则，我的朋友，你就见鬼吧……
> 别说这个产品会怎么样，
> 告诉我它对我有什么用！
>
> ——佚名

秘诀 3

把产品最大的好处放在标题里

说起信息过载，据估计，我们每天接触的广告在 247 ~ 3 000 个之间。如果我们希望自己能抓住所有机会说服、鼓动消费者直到最终售出产品，那么我们就必须快刀斩乱麻！要做到这一点，最轻松的办法就是始终把产品最大的好处放在标题中。

> 除非你的标题能帮助你出售自己的产品，否则你就浪费了 90% 的金钱。
>
> ——大卫・奥格威

你知道吗？在所有读到广告的人当中，有 60% 的人通常都只读标题。这意味着，那些看你广告的人有 60% 左右都只读前几个单词。

解决办法：把对消费者最重要的东西放到他们最有可能看到的地方——广告标题中。

假设你在给自己的餐馆研习会写标题，这个研习会是教男女服务员如何提高自己的收入。

你不能说：

餐馆服务员请注意：新的研习会将教你学会商业诀窍。

而要说：

餐馆服务员请注意：新的研习会将教你把消费额提高512%……否则就退你的学费。

假设你是一名一流的室内设计师，专门将普通住宅变成外表漂亮的模范住宅。

你不能说：

路易丝·泰勒设计出独特的住房。

独特？这种说法太含糊，它无法在人的大脑中创造出生动的画面，也没有给潜在顾客任何可以抓住的东西。

你要说：

一流的室内设计师路易丝·泰勒会将你的房子变成豪华的模范住宅，价格低得超乎想象！

现在我们明确地知道路易丝能做什么了。也知道了人们雇用她的首要原因：让房子看起来漂亮。

你的摄影店是否被一卷卷的胶卷所淹没，只因人人都用数码产品？

你不能说：

只需“咔嚓”一声就可以捕捉到你一生中最美好的时光！

而要说：

胶卷大减价！

所有 35mm 彩色胶卷 7.5 折——仅此一周！

你是一家希望用“馋死人”的新品点心——里面填满了软糖，美味至极——招揽顾客的面包房老板吗？

你不能说：

进来品尝我们最新的绝品甜食。

而要说：

巧克力爱好者请注意：让你的牙齿陷入这个 8.5 磅重、满是软糖的火山馅饼吧——绝对免费！

看到有多简单了吗？你的广告标题必须能够立刻吸引住目标顾客。我曾经在一份购物报上看到一个照明设备商店的广告，标题是：“我们将帮助你点亮自己的人生并节省一大笔钱！”这是多大的浪费啊。为什么？因为它没能吸引住自己的潜在顾客。这个广告词可用于油漆、窗户清洗甚至抗抑郁药！与之相反，用一个特别简单的标题“需要灯具吗？”考虑一下，谁会被一个“需要灯具吗？”的标题吸引？当然是需要灯具的人了！在这种情况下，特定的顾客一下子就被吸引住了。

> 标题是“肉上的标签”。利用它从读者中把广告商品所针对的那种潜在顾客吸引过来。
>
> ——大卫·奥格威

问题：长标题和短标题哪个效果更好？让我们再次转向心理学。研究者已经进行过数百次测试，看看多长的标题能够有效地让普通人“理解”或留意。所有研究的结果都差不多。普通人能够在“单次集中注意力的动作”中最多处理5 ~ 9个数字[2]。有没有好奇过电话号码为什么是7位数？贝尔电话公司想让它们长得足以容纳更多变化组成不同号码，但又短得足以让人记住。

大多数人都善于记词语，只看一眼就能理解5 ~ 6个词的意思。

那么这是否意味着简短的标题会获得更多的读者？是的。而且研究已经证实这一点。因为标题中词语的数量会影响阅读速度，从而影响读者能够读到的标题数量。

为了把这个问题讲透彻，不妨举个例子。如果你看到报纸的标

---

2 见乔治·A. 米勒的《神秘数字7±2》（*The Magical Number Seven, Plus or Minus Two*，1956）。

题是“战争！”，你会毫不费力地阅读和处理它。只要你认识这个词，它就能立刻向你传达它的意思。它的读者群如此之大，原因就在于此。你一看到这个词，就把它读下来了。随着往上面增加词语，你就会在速度、效果、轻松程度和理解方面朝着相反的方向移动。

就以下面这个标题为例：“昨日金邦杜国布洛杜尼部落向其历史上更好战的南方邻居乌普乌人宣战”，要专心读完这样一个比较长的标题，就更费时间，也更费精力。它迫使你思考更多（而我们知道大多数人不愿那么做），也让人更有可能在理解其含义并感到厌烦的过程中迷失方向。短标题拥有更多读者群的原因就在于此。

> 短标题比长标题拥有更多读者。随着标题变长，读者就会减少。
>
> ——斯塔奇调查公司

不过，在你大刀阔斧地削减你的标题之前，你要明白，写得好的长标题，效果也会非常不错。事实上，有些文字说明很长的直销广告会使用极长的标题，同时，它往往还加了很长的副标题。

1939—1940 年，学者哈罗德·鲁道夫研究了 2 500 个刊登在《星期六晚邮报》（*Saturday Evening Post*）上的广告。研究结果表明，标题越短，读者越多。

标题单词数	读完整个标题的人数
3 个以内	87.3%
4 ~ 6 个	86.3%
7 ~ 9 个	84%
10 ~ 12 个	82.5%
13 个及以上	77.9%

在这项研究中，最短的标题读者数量平均比最长的多 1/7。超过 12 个单词的标题，读者数量的下降是最多的。据鲁道夫所说："显然，不能把这些发现解释为要让标题始终获得比较多的读者，只需简短即可。标题的内容才是影响读者多寡的主要因素。"

短标题并不一定效果就好。就算你写 3 个词的标题跟写 15 个词的一样努力，你仍然有可能失败。当然，只有 3 个词的标题可能会有更多的人阅读，因为它读起来不费劲，但是这并不意味着你选择了恰当的词语。根据大卫·奥格威的说法，越长的标题会让你卖出越多的产品。

"好吧，德鲁。现在我更迷惑了！"没事，现在让我们将上面讲的内容简化一下：

1. 要在标题里指出产品最大的好处。
2. 如果你能写出两个效果同样好的标题，在其他变量都相同的情况下，比较短的那个可能会有更多的人读到。

考虑到实用性，在创作下一份广告时，绝不能忽视上面的第一条原则，但是为了让读者群最大化，也必须把第二条记在心里。现在，你清楚些了吗？

秘诀 4

要记住，物以稀为贵

你的广告就是你的推销员。在讨论会上，我举了个例子，例子中的推销员是任何行业都不应该容忍的。我用单调沉闷的语气说道：“现在你们不用急，慢慢决定是否购买吧。不需要现在就决定。不管你们什么时候想买这个产品，肯定都能买到。”

这里有个问题，你看出来没有？那名推销员跟潜在顾客说不用立即行动，这也就没有激发潜在顾客立即购买。现在我们要谈的是人类的惰性。简单地说，惰性就是人拒绝改变当前的行动状态。

作为广告人，我们需要推动人们立即采取行动。我们不希望潜在顾客等待、考虑或将决定推迟到永远不会到来的“以后”。你想要的是让他们当时就掏出信用卡下订单。而且你利用严格的最后期限制造出稀缺的印象会让他们马上采取行动。

跟人们说他们得不到某物，他们就会前所未有地希望得到它。还记得有关 CLARCCS（也就是“影响力的六大武器”）的讨论吗？

你或许还记得，这个首字母缩写词里的最后一个“S”代表“稀缺”（scarcity），这是一个刺激人们购买的强大因素。正是害怕失去的心理赋予最后期限以威力。

你能想象自己创造出这样一份动人的广告吗？它的文字很精彩，图片很精美，一切都极具吸引力；你为产品所定的价格也非常合理，广告上充满了对产品令人惊异的称赞，而且刊登在一份发行量很大的出版物上，你觉得它会为你带来很多回应。唯一的不足是，你漏掉了最后期限。不管你使用的是“严格”的最后期限（突出具体折扣的日期），如“促销截至 8 月 21 日”，还是“灵活”的最后期限，如“数量极其有限”，都没有关系。然而缺乏最后期限传达出的信息就是你提供的产品会一直都有，正是这一点让人们觉得不用现在就买。

假如从明天开始，世界上所有推销员都开始用下面的措辞结束自己的介绍：“现在你们不用急，慢慢决定是否购买吧。”你觉得会怎样呢？它会招致一场经济崩溃，而且其规模之大，将会超乎想象。

广告就是说服。而且说服中最关键的时刻就是你要求人们采取行动的时候。要始终突出最后期限，以消除阻碍人们做出回应的人类的惰性。这没有什么技巧，再简单不过了。可它的威力总是那么强大。你只需在广告中放上下面这样的措辞即可：

★ 请于 4 月 5 日前打电话

★ 供应极其有限

- ★ 优惠截至 5 月 15 日
- ★ 仅 8 月 3 日前保证维持该价
- ★ 优惠仅下午 4 点前有效
- ★ 座位有限，仅容 50 人
- ★ 仅前 50 名顾客有效

此外，还可以使用你能想到有关最后期限的其他变体。如果你一直没用过最后期限，不妨参考心理学家罗伯特·西奥迪尼的影响力武器 6——稀缺，然后你会看到它对你获得的回应产生立竿见影的效果。

秘诀 5

22 种具有心理效力的标题开头

阅读标题很像开车时看路标。如果你看到一个路标指向你感兴趣的方向，你就会继续在这条路上行驶。否则，你就会改变方向。同样，一个让你感兴趣的标题会让你继续阅读下去。如果广告文案具有足够强烈的感染力，或许你就会把手伸进口袋，掏出钞票。如若不然，你就会选择另一条路线：扫视一眼别的广告，翻过这一页，或者打开另一个网站。

因此，你的广告标题必须做到如下两点：

1. 抓住读者的注意力。
2. 促使他们继续阅读。

如果做不到这两点，那就算你赠送金条，大多数人也不会注意到。幸运的是，凭借“秘诀 3”的建议，你会知道该在标题里放些什么。现在，让我们谈谈怎样表达这些内容。

> 好的标题应包括四个特点：1. 利己心；2. 新闻；3. 好奇心；4. 快捷途径。
>
> ——约翰·卡普尔斯

谁会对自己都不感兴趣呢？为了投合顾客的利己心，只需在标题中允诺给予个人好处即可：让他们的牙齿更白，收入更高，身体更健康，关系更好以及其他任何诸如此类的好处，尤其要接通第一章中讨论的“八大原力”。

人们阅读报纸的目的是了解新闻和其他信息，因此会本能地对新东西以及我们周围发生的事情感兴趣。任何时候，只要你能用新奇的方式表达出产品的好处，你都会为它额外地增添一种非常吸引人的活力。你的“新闻”可以十分简单，比如宣布你的产品已经发布或到货以及你能为购买者带来的好处。或者，为了让广告染上几分时令色彩，而将它与当前发生的事件、天气、体育赛事或其他时事问题联系起来，例如，“洛杉矶注意：从即日起到周五，凭下面的赠券到 Burgerilla 购买汉堡包，本店将会把你所付费用的 10% 用于帮助地震灾民”。

好奇心大多数人都有。一条精心构筑的标题——就像下面列出的大部分标题一样——能够激起足够的好奇心，从而激发读者继续阅读。不过，请别用那些没有针对性，仅仅为了吸引眼球的标题，这只会让人觉得你忸怩作态或故作机灵。记住，你不仅仅需要吸引很多眼球，更需要吸引合适的眼球。

下面列举的22个标题都经过测试，可用于大多数产品或服务。只需将例子中的措辞换成那些跟你的业务相关的词汇即可。

1. 免费："免费书籍告诉你如何写出神奇的广告，这简直和迫使人们送钱给你差不多！"
2. 全新："强大的全新研修班教跳蚤市场卖家了解'跳蚤心理'的力量，驱使人们狂热购买。"
3. 终于："终于出现了一家只使用有机食糖、面粉、牛奶和鸡蛋的面包店！"
4. 这种："这种新发明无须刀枪或空手道黑带就可当场阻止任何攻击者。"
5. 通知："通知：马里脆皮袋状三明治将在南加州掀起最狂热的三明治热潮！"
6. 注意："注意！有些犬类美容师将套索绑到了你家宠物狗脖子上！"
7. 最新发布："最新发布：心理学家的研究揭示了鲜为人知的说话模式，可以让粗鲁的推销员立即变得规规矩矩。"
8. 现在："现在你无须刀枪或空手道黑带就可当场阻止任何攻击者。"
9. 这里有："这里有一位95磅重的老奶奶，看她如何让一个

275磅重的心理变态杀手像婴儿一样放声大哭……"

10. 这些:"这些是意大利人制作的正宗比萨。"
11. 哪个:"你想炫耀这些火辣身材中的哪一个?"
12. 最后:"最后,终于出现一个改进自我的研修班,它会激励你,给你力量,并最终让你改变!"
13. 请看:"请看!现在你能够以批发价购买棉花糖机器了。"
14. 提出:"提出有史以来最轻松的学钢琴方法。"
15. 引进:"引进费城真正使用新鲜水果的水冰站。"
16. 怎样:"怎样在90天内像一名歌唱家那样唱歌——保证成功。"
17. 惊人的:"惊人的新式DVD光盘,看看就可降血压!"
18. 你是否:"你是否知道怎样按一下按钮就可阻止恶狗进攻?"
19. 你是否愿意:"你是否愿意用2美元交换我们大名鼎鼎用砖炉烤制的比萨?"
20. 你能否:"你能否保证自己的孩子不遭遇绑架?"
21. 如果你:"如果你讨厌清理自己的游泳池,这份广告将带给你好消息!"
22. 从今天开始:"从今天开始,你的舞技能够提高97%……如果你遵循如下准则。"

秘诀 6

吸引读者阅读广告的 12 种方法

你已经针对自己的潜在顾客写出了一个很棒的标题，并且促使他们阅读更多的内容。你暂时吸引住了他们的注意力，激起了他们的好奇心，勾起了他们的欲望。但是你怎样才能自然流畅地从标题进入广告正文部分，并使他们一直保持这种欲望呢？要做到这一点，可以采用下列 12 种方法。这些方法都是从数百种成功赢得商机的平面广告中总结出来的。

下面的 12 个例子使用同样的标题，这个标题是："最新发布：心理学家的研究揭示了鲜为人知的说话模式，可让粗鲁的推销员立即变得规规矩矩。"

你可以这样开始广告的正文：

1. 继续阐述标题里提到的内容

你知道我们说的"粗鲁的推销员"是什么意思吗？就是那些夸

夸其谈、不明白人家已经拒绝他的家伙；那些步步紧逼、缠着你不放的家伙……

2. 提出一个问题

你怎样处理这种棘手的情况呢?

3. 引用权威人士的话

据传播心理学家 R. 布特勒・辛克莱所言，面对……使用的高压手腕，任何人都不需要感觉自己受到胁迫……

4. 让他们免费尝试一下

下次碰到狂妄的推销员，你就这么做——等他把话说完，然后举起左手做掩嘴状，说道:“你知道吗，你真的没有……”

5. 向他们提出挑战，向他们证明自己出售的东西真的有用

这是我希望你做的事情：翻开这本令人难以置信的新书，阅读第 8 页和第 9 页——仅此而已。然后再凭借……最讨厌、最好战的名声来谈生意。

6. 从一个怀疑主义的故事开始

第一次接到这位作者的手稿时，我们有些疑虑。不过我们编辑部的一些同事真的尝试过辛克莱的一些诀窍，绝对非常震撼。

7. 讲述其他人的说法（从众效应）

没有人比我更痛恨那些讨厌的推销员了。因此，当我第一次看到这本书时，我就感觉它简直棒得令人难以置信。实际上，关于对付粗鲁的同事、推销员，这是我读过的最有威力的书。

——鲍勃・曼斯特雷斯，宾夕法尼亚州费城

8. 扮演记者的角色

宾夕法尼亚州费城——一位纽约心理学家刚刚发表了一部研究时间长达 7 年的论著，里面解释了一种新的传播心理学类型的力量，任何人都可利用它来对付那些讨厌的家伙。

9. 跟读者进行个人交流

你有没有被一个拒绝接受否定回答的推销员纠缠不休过？你是否痛恨被人随意摆布和操纵？你想了解一种立即让这些讨厌的家伙规规矩矩的新方法吗？一种让你占上风的方法……

10. 讲述一个戏剧性的故事

据传播心理学家 R. 布特勒·辛克莱所言，面对……使用的高压手腕，任何人都不需要感觉自己受到胁迫……

11. 给出一份超级详细的说明书

这本令人惊讶的新书，其尺寸为 8.5 英寸 ×11 英寸，皮面装订，制作精美，是一本沉甸甸的漂亮精装书——长达 327 页，共有 10 章，信息丰富，介绍了 45 种最有效的崭新交流工具，是用来对付……

12. 用非常简短的首句诱惑他们

难道你不痛恨它吗？

这实在太烦人了！

它让我恶心。

对此我无法忍受！

秘诀 7

全方位吸引读者注意力

想象警察局里一排等待辨认的暴徒。他们的衣着像暴徒，有着暴徒的狂怒表情，像暴徒那样牙齿稀疏，还有暴徒那样乱糟糟的剃须习惯。在这些人中，有一位整洁的绅士，看起来就像刚刚踏出自己的私人飞机一样。哇，这家伙看起来是不是很富有？

问题：在警察局里这排等待辨认的暴徒中，谁最突出？要知道，差异吸引目光。所谓鹤立鸡群，便是这种风范。

我们知道，在广告中，吸引人们目光的一种方式是美术设计。我们的目的是让广告看起来与众不同。但是有多少广告人真正做到了这一点呢？非常少。现在向你自己证明这一点，请暂时停止阅读本书，拿起你们当地的报纸看一看，大多数广告都是什么形状？虽然没看到你读的报纸，但我也知道大多数广告都是正方形或长方形的。翻来覆去就是这两种形状，倒不是有什么证据证明它们是最有效的（根本没有证明），只是因为这些形状允许出版商充分利用其广告空间罢了。以这种形状将广告并排在一起是最容易的。

那么，你就当一回叛逆者，登一个吸引眼球的圆形广告，即使在最拥挤的报纸页面上它也会引人注目。广告行业出版物《油墨》（*Printer's Ink*）在几十年前就报道过这种简单的技巧是多么有效，但是知道它的广告人寥寥无几，用过它的更是屈指可数。把你的广告放在圆形边框里面，而不是使用典型的长方形或正方形边框。（但是依然要用标准的横排方式排列文字，别让它们围绕圆圈的内侧弯曲。）圆形广告会吸引更多注意力，你的广告将因此而从那些“正方形”的竞争者中脱颖而出。

你只需将你的广告文字内容放在圆形边框里面，再把圆圈放进你购买的方形广告空间内。为了进一步强调这个圆圈，从圆圈的外侧一直到容纳它的那个正方形的内侧，全都填上黑色——或者你选择的颜色。整个圆圈的内侧空间则留给广告文字。因为独特的形状，你的广告一定会脱颖而出。

成功的小幅广告利用其不同寻常的形状来放大它对产品的描述。失败的广告则试图在其中塞入太多信息，然而在怎样吸引读者方面，却甚少努力。

——《优秀报纸广告》

摘自《营销学杂志》2001 年 2 月 5 日

秘诀 8

千万别掉进反白字陷阱

“哦不！别把它弄反了！住手！你居然敢把白字印在黑色的背景上！”

你或许听到过这样的话，来自美术设计师、广告文案创作者、创意指导、顾问、报纸广告销售代表以及其他知识渊博的广告界人士。但是你有没有问过他们：“为什么不行？”很可能他们会告诉你：“那样不易于阅读。”此外再无其他理由。

你有没有听从这条建议呢？事实上，你应该听。这条原则是建立在可靠的心理学原则和事实基础上的。

这种禁忌被称为反白字或破坏性字体。除非你的广告被网站、报纸页面或其他任何地方的其他广告包围，完全受到挤压，否则千万别这么做。研究表明，反白字广告会让你的文字特别难读。为什么？

因为眼睛不习惯阅读反白字，字号太小时尤其如此。不幸的是，我见过很多商家的广告，从小型家庭店铺到大型公司的广告都犯过这样的错误。你见过多少网站的背景色比文字的颜色更暗？那样阅读起来非常困难。

这一规则有无例外呢？在纯色背景中放一个字号大且字数少的反白字标题确实能够产生效果，例如："免费巧克力软糖！"或"赢得这部新兰博基尼！"不过，你也可以用黄色将那些标题印在白纸上，它们很可能会强烈地吸引人们的注意力。

但这一长串重复的告诫是在什么背景下产生的呢？你不单要知道自己不能那么做，还要明白为什么广告界的专业人士给你这样的建议…… 尽管他们中的大多数人自己都不明所以。

实验 1：福尔摩斯和"临界值 66 英寸"

1931 年，《应用心理学期刊》（*Journal of Applied Psychology*）上发表了一篇题为《黑色与白色印刷字体的相对清晰度》（*The Relative Legibility of Black Print and White Print*）的文章，其作者有一个神秘的名字——"G. 福尔摩斯"（G. Holmes）。这位研究者在文中讲述了自己用短单词所做的测试。有些单词用黑色墨水印在白纸上，其他则用白色字印在黑色背景上，所有单词都使用相同的字体和字号。好心的福尔摩斯先生把这两组单词都放到一定的距离之外，远得让受试者看不清它们。然后他说道："好了，伙计们，现在向前移动到刚好能辨认出这些单词的距离。"

他有什么发现？他发现印在白纸上的黑字（非反白字）能够在

大约 66 英寸远的地方被看清，而印在黑底上的白字（反白字）则需要受试者离得更近——大约 55 英寸远——才能看清。结论是什么呢？反白字不如非反白字清晰。

实验 2：丹尼尔·斯塔奇和眼球减速

研究广告的学者丹尼尔·斯塔奇做过一个实验，其结果跟福尔摩斯的发现不谋而合。斯塔奇让参与实验者阅读一小段非反白字，发现平均阅读速度比每秒钟 6 个单词略快一点儿。接下来，他又让他们阅读一段反白印刷的文字，发现速度仅略快于每秒钟 4 个单词，比非反白印刷的文字每秒钟慢了大约两个单词。结论是什么呢？反白字会减慢阅读速度。

实验 3：专家一开口，人人都洗耳恭听

是时候了，该引入本行业顶尖人才揭开反白字问题的真相了。心理学家帕特森和廷克是广告研究领域的巨擘。他们重复了斯塔奇的实验，但是略微有所变化，并且产生了有趣的结果。在向参与者展示白底黑字后，他们立即展示了反白字版本，事实证明反白字段落比非反白字段落的清晰度差 4%。而且只向参与者展示反白字段落时，事实证明它们比非反白字段落的清晰度差 16%……在其他著作中，这样的数字也都具有统计学上的重要意义。

结论是什么？别使用反白字。现在你不会只像一个没有脑子的机器人一样听从别人的建议了，你已经知道为什么不能那么做了。把这个信息告诉你最爱的广告业专家，他（她）可能会对你刮目相看。

秘诀 9

用极端具体化压垮竞争者

这个方法威力强大，能够帮你一把扼住竞争对手的咽喉。它的效力赢得许多富有传奇色彩的广告业大师的喝彩，从德高望重的克劳德·霍普金斯[3]到精明能干的尤金·施瓦茨[4]，无不对此表示称赞。

我把这种方法称为“极端具体化”，你的竞争对手将因它而咒骂你。其实它很简单，你这么做就可以了：从现在起，每次描述自己的产品或服务时都要尽可能具体。

我做过一个实验。拿起电话和黄页，随机给 25 家比萨店打电话：“你好，本周六我要和 10 个朋友聚会，想到你们店里，但是有个朋友希望去另一家比萨店。请帮助我说服我的朋友，告诉我，你们的比萨有什么优势？”

---

3 见《科学广告》（*Scientific Advertising*）。

4 见《突破性广告》（*Breakthrough Advertising*）。

电话 1 回答：（困惑地）“呃……我也不知道。这要由你决定了！”

分析： 太糟糕了。一个挥舞着钞票的顾客给这家伙一次机会，让他指出自家餐厅有别于同类店家的独特之处。他原本有 30 秒钟的时间赢得 10 名新顾客，却轻易地放过了大好机会。

电话 2 回答：“我们用的配料更好。”

分析： 这个回答等于什么都没说。它没能在我脑子里创造出正面形象，也没给我理由让我对他的比萨产生食欲。这个回答太一般化。他们同样也错失了一次机会。

电话 3 回答：“我们的比萨质量更好。用的调味料和面粉都来自意大利。”

分析： 不是很好，但是比前两个好！他不只说到质量和配料，还具体指出了哪些配料。然后他又说明更好的原因在于它们是真正的意大利配料。这当然比在布朗克斯生产的面粉和奶酪听起来要好。

但是他能否做得更好呢？绝对可以！为什么不告诉我奶酪好在什么地方呢？告诉我：“它不仅仅是牛奶做的白干酪，还是味道好得不可思议（且很难弄到）的水牛奶白干酪。而且，做的时候是按照正宗的纽约式传统，不是把这些奶酪切碎，而是整整一大块放在比萨上（因为切碎的奶酪会在饼上留下太多水分）。”

那么面粉呢？他可以这样说：“我们只选用北方硬粒春小麦，因为用它磨出的面粉非常蓬松，做成的比萨里面劲道而外面香脆。”可是，为什么不继续说下去呢？调味料……“啊，这可真是美妙无比。我们拒绝（像竞争对手那样）使用预先准备好的调味料，番茄酱都是自己现榨的。（而且还不是老番茄，用的是来自意大利的正宗圣马扎诺番茄！）”那橄榄油呢？“当然只使用上等初榨橄榄油。”“面也是手工擀出来的——可不是像那些大型连锁店那样，在机器里用钢铁擀面棍压出来的。”“我们的比萨是在一个直接从意大利进口的木炭炉里烘烤的，因此别有风味，绝非竞争对手的老气炉可比。”

肉和蔬菜怎么样呢？他可以继续说下去：“我们的竞争对手使用的是预先加工的配料。而在这里，所有食材都是每天早上手工新切的。”香草呢？“为了获得最佳风味，我们都是自己种植罗勒和牛至。”说起气氛！“我们的餐厅最近刚从上到下翻修过，面积差不多扩大了一倍，里面新设了宽敞的小隔间，比大多数其他比萨店的廉价塑料椅子都要舒服得多。看看那些豪华的意大利瓷砖和令人惊艳的艺术品。”“而且，我们家已经有四代人手工制作比萨了。每咬一口脆脆的美味，你都能感受到长达 80 年的比萨烘烤技艺。”

“可是德鲁！在当今这个‘对消费者收费更高但给得更少’的世界上，这些因素真的重要吗？”是的，它们前所未有地重要。你能做的最有效力的事情之一就是让你的潜在顾客了解你的产品或服务的具体细节。一旦他们了解了，并且认为你的产品至少跟你竞争对手一样好，那么他们就会更欣赏你提供的东西。想想看，关于你的产品或服务，你能告诉人们哪些有趣的故事呢？你怎样才能让他们了解你做了什么以及如何做的？

两家餐馆的故事

第一家是路易吉餐厅，他们跟你说：

我们拥有绝妙的家常菜，番茄奶酪鸡排、通心粉、意式色拉卷筒以及更多美味。此外，还有赠券。

这就是整个广告的内容。

做广告要的就是与众不同，把你自己跟别人区分开来，说服人们采取行动。我为路易吉的赠券而称赞这家餐馆，但是这个广告的其余内容却没给出任何令人信服的理由来说服人们光顾它。

现在看一看第二家餐馆。弗拉泰利餐厅跟路易吉相似，也列出了自己提供的菜品，而且也有赠券。但是他们做的事情要多得多，他们非常具体地介绍了店里供应的食品。由于说出了人们想了解的信息，因此他们就能够在市场上把自己跟竞争对手区分开来：

我们每天都制作新鲜的面包，又黄又脆。我们的意大利面是现做的。我们的所有食品都只用新鲜的香草，而且只使用冷压的 100% 初榨纯橄榄油。你的杯子里盛满泉水，空气中弥漫着柔美的意大利音乐，柔和的烛光照着你的餐桌。

你能感觉出其中的差别吗？是的……这其实是一种感觉。你对弗拉泰利的感觉更好，因为它的广告告诉你的信息更多。它不仅仅是在试图向你出售东西，实际上是在引诱你。那些词语在你脑海里描绘出生动的画面，在你穿过店门进入之前，你就已经在自己脑海里演示那里的食品和气氛了。

有多少餐馆在向你介绍他们的美食时走到这么远呢？即使城里其他所有餐馆都提供完全相同的食品，但是由于没有一家说得这么具体，所以那家有具体介绍的就会赢！既然如此，那就问一问你自己：“关于我的产品和服务，我能介绍一些什么对我来说显而易见但我的顾客却知之甚少的内容呢？我能把使用的加工方法以及付出的时间、金钱和努力告诉他们吗？我怎样指出自己产品的主要优势，并让人们开始质疑我竞争对手的产品？”

下面介绍另一个行业是如何使用这个技巧的。

两家五金店的故事

大多数独立五金店会在自己的广告里说些什么呢？内容一般都非常少。他们往往只递上自己的名片，并飞快地提一下自己出售的少数商品。看一看下面两个广告文案。

第一家五金店：

锤子、螺丝刀、电动工具、家用修理工具、草坪及花园设备。保尔森公司有你寻找的五金工具……价格平易近人！

第二家五金店：

“巧手杰克”可不是一般的五金店。我们拥有的是一家五金超级市场！本店供应 343 种扣件、28 种钉子、86 种卷尺、43 种不同颗粒度的砂纸、16 种不同风格的锤子、28 种螺丝刀、47 种钥匙以及 354 000 个螺栓和螺帽的日常存货，所有顶级电动工具都价廉物美，包退包换，包您满意。

问题：如果你需要五金工具，但是除了在广告上看到的东西，你对这两家商店都一无所知，而且它们离你家的距离都差不多……你会去哪家？答案显而易见：去“巧手杰克”五金店。即使城里其他所有五金店都出售完全相同的商品，但是它们没有一家说得这么详细。

记住：人们是否需要知道所有这些信息并不重要。只要你有他们想要的东西，谁真正在乎你有多少螺栓、螺帽呢？但是这背后的心理学——“长度意味着力量”探索法——使它具有强大的效力。因为其他商店几乎都没说这些事情，人们就会断定那家说得具体的店铺货物更全更好；在某些方面更成功。难道你不想传达出这样的信息吗？

秘诀 10

著名的奥格威版面设计原则

广告代理天才大卫·奥格威常常被称为“广告之父”，他创造了一些他那个时代最著名的广告。他发展出一种简单的版面设计公式，只要遵循其原则，就能制作出惹眼的广告，赢得研究者丹尼尔·斯塔奇的“最引人注目奖”。这就是所谓“三分之二 / 三分之一原则”，或使用那个更亲切的名称——“奥格威原则”。它要求在广告顶部的 2/3 版面中放一张巨大的照片，剩下的 1/3 版面则由标题（直接置于照片下方）和标题下方的销售文案组成。文案往往以一个巨大的“段首跨行大写”开头，这有助于将读者目光吸引到你的销售信息上来。而且你的公司标识则整洁地置于右下角。

> 如果你的广告文案正文从一个段首跨行大写开始，那么你的读者数量平均会增加 13%。
>
> ——大卫·奥格威

还有一种相反的奥格威原则——也就是“三分之一 / 三分之二原则”，其中，顶部的 1/3 由一幅照片以及标题构成，剩余的 2/3 则是销售文案。跟前面一样，把公司标识放在右下角。在这两种情况下，标题和广告文案正文实际上都成了那幅照片的说明。

将标题放在画面下方，因为眼睛会首先被画面吸引，然后朝下方移动。

——斯塔奇调查公司

除非你知道下面的事实，否则你可能不会了解这种版面设计有多巧妙。有研究表明，阅读标题的读者数量比阅读广告文案正文的要多一倍。奥格威自己也建议说：“阅读图片下方标题的人比阅读广告文案正文的要多，因此使用图片就必须在下面放一个标题。”这个技巧经受住了时间的考验，帮助许多大公司成为其行业的领袖。如果这个原则适合哈撒韦衬衫和劳斯莱斯，那么它很可能也适合你和我。

使用图片就必须在下面放一个标题。在你使用的每一张图片下都放一条简短的销售信息或让人感兴趣的信息。

——约翰·卡普尔斯

秘诀 11

字体中的心理学

字体可以表现出顽皮、权威、充满创意、漂亮、戏剧性、奇异、古怪、优雅等风格，甚至还可以表现出彻头彻尾的丑恶。正因为如此，不同的字体能够给我们的信息染上不同的色彩。例如，在为镶花边的女士紧身内衣做广告时，你不能用黝黑、粗壮、阳刚气十足的库珀黑体字（Cooper Black）。在为塑造硬汉体形的健身房所做的广告中，你不能使用宫殿体（Palace），这种字体柔美、精巧而纤细，它跟健身房里那些汗流浃背、大声咆哮、注射类固醇的壮汉形象格格不入。你的广告会因此看起来荒唐可笑！当然，你的产品或许并不要求广告中所用字体能如此绝对地表达出任何特定的情感或视觉形象，但是不管选择什么字体，你都要明白它所能传达的某种含义。

> 只是因为选择了错误的字体，就有可能失去 3/4 的读者。如果你的销售依赖于文字，那么字体对你来说就非常重要。
>
> ——柯林·威尔顿
>
> 《字体与美术设计》作者

除了过去几十年里所做的数十项研究，最近还有人做过一些实验，以确定哪种字体更易于阅读。我曾听少数人说：“习惯读的字体是最易于阅读的。”

胡说八道！有些字体当然比其他的更易于阅读，但是你习惯在石头上敲打洗衣服，并不意味着用洗衣机洗就不是更容易的做法。

想一想那种被称为“国旗纪念日”的字体，每个字母看起来都像一面飘扬的小旗帜，由水平而波动的黑白色带交替组成。这是我见过的最难阅读的字体，24 号及以下的字号，我根本无法阅读；即便是大于 24 号的我仍然没法阅读。我不在乎你做过多少字体研究，事实在于，“国旗纪念日”字体极难辨认，因为那些字母看起来根本不像字母，而像一些蠕动的带状污迹。我确信你能够习惯这种字体，但是这并不意味着更清楚、更朴素的字体，如宋体（Arial）的易读性要比它差。除此之外，其他看法简直就等于说：“唉，这个钝刀片我用了 28 年……新刀片不会比它更容易用，我已经习惯用那个老旧的钝刀片了！”

印刷资料使用衬线字体还是非衬线字体[5]？

你知道衬线字体（serif）和非衬线字体（sans serif）的区别吗？你的眼睛肯定知道，衬线字体中的每个字母在末端和底部都有小小的字脚和装饰，如泰晤士新罗马体。然而非衬线字体，如细黑字体，就没有这种衬线。衬线让每个字母更明显、更容易识别。

多位研究者都证实衬线字体让单词更容易阅读[6]。比如泰晤士新罗马体（Times New Roman）、帕拉提诺体（Palatino）、教科书体（Schoolbook）、佐治亚体（Georgia）、信使体（Courier）、切尔滕纳姆体（Cheltenham）、学者体（Bookman）和加拉蒙体（Garamond）都是衬线字体。

1926年，英国医学委员会（British Medical Council）有报告指出，非衬线字体会导致"扩散"：这是一种光学异常，其中线条之间的空隙会侵入字母，引起光出现某种振动，从而使阅读变得更困难，也更不舒服。

在一项有关理解力的研究中，威尔顿指出：同一段话，设置为非衬线字体只有12%的参与者能够理解，然而设置成衬线字体则有67%的阅读者能理解。那些阅读非衬线字体的人说他们读起来很吃

5 西方国家字母体系分为两类：serif和sans serif。serif是衬线字体，指在字的笔画开始、结束的地方有额外的装饰，而且笔画的粗细会有所不同。与之相反，非衬线字体（sans serif）就没有这些额外的装饰，而且笔画的粗细差不多。

6 沃顿，1991；哈特利，1994。

力，不得不“反复回过头去阅读前文来进行理解”。

在一次有几万名读者参与的大规模实验中，威尔顿将一个广告做了 3 种不同字体的版本：加拉蒙体（Garamond，衬线字体）、泰晤士新罗马体（Times New Roman，衬线字体）和赫维提卡体（Helvetica，非衬线字体）。下面就是他的发现：

* 设为加拉蒙体（Garamond）的版本有 670 000 人阅读和理解——占实验对象的 66%。
* 设为泰晤士新罗马体（Times New Roman）的版本有 320 000 人理解——不及加拉蒙体的一半。
* 设为赫维提卡体（Helvetica）的版本只有 120 000 人理解——占实验对象的 12.5%。

要点：衬线字体更易于阅读，至少在纸上是这样的。几乎所有做过这个实验的研究者的发现都一样。难怪大多数报纸和杂志出版商都把自己的主体文字设为衬线字体。

“好吧，德鲁，我明白了，但是我到底该用哪种衬线字体呢？”遗憾的是，至今我还没有看到哪个研究针对这个问题给出权威的答案。我的研究可追溯到 1912 年，当时 B.E. 勒特林写了一篇文章《不同印刷字体的相对易读性》（*The Relative Legibility of Different Typefaces of Printing Types*），发表在《美国心理学杂志》（*American Journal of Psychology*）上。

与之最接近的是帕特森和廷克做的研究，它揭示出，对于他们研究的那组字体，除了两种字体减慢了读者的阅读速度之外，其他的没有明显差别。其中修道院黑体（Cloister Black）慢了16%～5%，美国打字机体（American Typewriter）慢了5.1%。

但是这并不意味着人们没有自己的想法。

《此前此后》（*Before & After*）杂志的出版商约翰·麦克维德喜欢奥多比卡斯龙体（Adobe Caslon）、奥多比加拉蒙体（Adobe Garamond）、ITC斯通衬线体（ITC Stone Serif）和詹森文本55罗马体（Janson Text 55 Roman）等字体。

《字体在设计中的使用：字体基本指南》（*Designing With Type: The Essential Guide to Typography*）一书的作者詹姆斯·克雷格、艾琳·科罗尔·斯卡拉和威廉·贝文顿认为："巴斯克维尔体（Baskerville）被视为最令人愉快和最易读的字体之一。"

广告文案大师约翰·卡普尔斯喜欢用切尔滕纳姆粗体字（Cheltenham Bold）做标题。

大卫·奥格威更喜欢世纪（Century）字体组，包括卡斯龙体（Caslon）、巴斯克维尔（Baskerville）和詹森体（Jenson）。

直销权威加里·哈尔伯特则非常信赖信使体（Courier）。然而鄙人则往往使用科林费斯黑体（Clearface Black）字体做标题，使用教科书体（Schoolbook）做正文字体。

阿斯肯德公司的研究"头版上的字体"（*Fonts on the Front Page*）揭示了美国发行量前一百名的报纸所用的最流行的字体，它们依次是：

1. 波音特系列字体（Poynter Series）
2. 富兰克林哥特体（Franklin Gothic）
3. 赫维提卡体（Helvetica）
4. 乌托邦体（Utopia）
5. 泰晤士体（Times）
6. 宁录体（Nimrod）
7. 老式世纪体（Century Old Style）
8. 洲际体（Interstate）
9. 毕罗格罗泰斯特体（Bureau Grotesque）
10. 米勒体（Miller）

在有新研究提出其他观点之前，使用本书建议的任何衬线字体不仅会让你进入好公司，还会帮你创造出吸引人且可读性更强的销售资料。

把标题设为首字母大写

如果标题比仅包括几个词的“免费甜饼”更长，那就应该设为首字母大写，将大小写字母结合起来。全部设为大写字母会让读者人数减少 11.8%。

《纽约时报》编辑西奥多·伯恩斯坦向帕特森和廷克的发现提出挑战，说全部使用大写字母的标题能够让人读得更快。这场争论如火如荼，等硝烟散尽时，可怜的伯恩斯坦先生只好愿赌服输，收回自己的说法。

结果：喜欢首字母大写标题的人要多 18.9%——甚至比帕特森和廷克在其研究中发现的更多。

不过，请等等！廷克还没完。他对这个问题如此着迷，因此又做了一个实验，看看一个人眨眼能在多大程度上成为衡量易读性的可靠标准。

结果：全用大写字母会减慢阅读速度——这是意料之中的事情。可是，为什么全用大写字母会减慢阅读速度呢？因为眼睛是靠轮廓来识别字母的。

试试这个实验：在下面“广告力量”的英文单词 ADVERTISING POWER 周围画一条线，让你的笔接触每个字母的顶部和底部。结果构成一个长方形，四条边都是平的。现在围绕首字母大写的这两个单词“Advertising Power”再画一条线，同样让你的笔接触每个字母的顶部和底部。在越过大写字母以及其他字母向上、向下突出的部分时，你的笔就像过山车一样时而升高，时而降低。

结果：首字母大写的单词比全用大写字母的单词更清晰也更容易辨别。这就使得人们阅读起来更快也更轻松。

衬线与非衬线字体哪个更适合在线阅读

在纸上看着舒服，并不一定意味着在屏幕上也易于阅读。区别何在？分辨率。例如，书籍、报纸、传单和宣传册通常都是以每英寸 300 点（300dpi）的分辨率印刷。如果你有一台 Mac（或可兼容的 MacOS）电脑，那么屏幕的分辨率是 72dpi。如果你有一台 Windows 个人电脑，那么屏幕的分辨率是 96dpi。在一种媒介上看起来很好，并不意味着在另一种上面看起来也很舒服。

在网上搜索一下这个主题，你会发现有关在线阅读字体易读性的实验远比你想象的多得多。我会分享其中几个重点实验的结果，然后给你一个将所有这些发现都考虑在内的建议。

有些研究者使用校对来确定易读性，例如塔利斯、博因顿和赫什在 1995 年为富达投资集团所做的研究。他们考察了字号从 6 到 9.75 磅的不同字体。

结果：最受喜欢的字体是字号为 9.75 磅的宋体（Arial）和 MS 桑斯衬线体（MS Sans Serif）。另两位研究者伯纳德和米尔斯评估了字号为 10 磅和 12 磅的宋体（Arial）和泰晤士新罗马体（Times New Roman）。

结果：在阅读速度和错误识别方面没有明显的区别。但是读者说，他们更喜欢 12 磅的字体。

伯纳德并未就此罢休。他将 8 种不同的字体以 3 种不同的字号（10、12 和 14 磅）放在砧板上，这些字体包括 4 种衬线字体：世纪教科书体（Century Schoolbook）、新信使体（Courier New）、佐治亚体（Georgia）和泰晤士新罗马体（Times New Roman），以及 4 种非衬线字体：宋体（Arial）、漫画桑斯体（Comic Sans）、河马体（Tahoma）和伟达体（Verdana）。

结果：

1. 受试对象阅读宋体（Arial）和泰晤士新罗马体（Times New

Roman）比阅读信使体（Courier）、教科书体（Schoolbook）和佐治亚体（Georgia）的速度快。

2. 受试对象阅读 12 磅字号比阅读 10 磅字号的速度快。

3. 比起泰晤士新罗马体（Times New Roman），受试对象喜欢除世纪教科书体（Century Schoolbook）以外的所有字体。

2002 年，软件适用性研究实验室（Software Usability Research Laboratory）发表了一项题为《线上流行字体比较：哪种字号和字体最好？》（*A Comparison of Popular Online Fonts: Which Size and Type is Best?*）的研究。实验结果显示：

1. 最清晰的字体是宋体（Arial）、信使体（Courier）和伟达体（Verdana）。

2. 字号为 10 磅时，参与者更喜欢伟达体（Verdana），而泰晤士新罗马体（Times New Roman）是最不受人喜欢的。

3. 字号为 12 磅时，宋体（Arial）更受人喜欢，而泰晤士新罗马体（Times New Roman）最不受人喜欢。

4. 总体而言，受人喜欢的字体是伟达体（Verdana），而最不受人喜欢的是泰晤士新罗马体（Times New Roman）。

要点：为了让线上阅读更加轻松，应使用字号为 12 磅及更大的宋体（Arial）。小于 12 磅的呢？使用伟达体（Verdana），但是字号尽量不要小于 10 点。要让文本看起来更正式，那就用佐治亚体（Georgia）；而针对老年读者时，则使用字号为 14 磅的字体。

CA$HVERTISING 小贴士

长标题的颜色要设为黑色。其他颜色，甚至红色都比黑色更难以阅读。白色背景是最好的，其次是黄色。正如我们在“秘诀 8”里讨论过的纸质文本那样，线上文本也要避免使用反白字。

秘诀 12

坚持用专业设计

拥有锤子，并不会让你成为木匠；拥有手术刀，也不会让你成为医生；使用美术设计软件，也不会让你成为美术设计师。因此，我请求你别自己设计推销资料。我见过一些非常业余的广告，看起来就像是苏姗主持的电视节目“调皮蛋乐园”里那些幼儿设计的。你的形象至关重要——尤其是当你向那些并不知道你的人推销时。很多销售的成败都取决于你怎样通过美术设计来表现你自己。

CA$HVERTISING 小贴士

给当地的广告公司打电话，要求跟它的艺术或创意总监谈谈：“您好，我叫 ×××，希望你能帮助我，我经营一家小企业，正准备做个（广告、宣传册、传单）。能请您推荐一位优秀的设计师吗？”他们通常与好几位设计师合作，因此不妨询问其中几位的联系方式。如果你选择到网上寻找一位设计师，记得一定要看一看他的作品，问一问对方收费多少，是按小时还是按项目收费。很多设计师都根据他对一家公司规模大小的推测收费。（提示：别让人觉得你的公司很大）如果你手头比较紧，那就给当地的美术学校打电话。他们往往会推荐一些非常乐于做这项工作且收费低廉的学生。但是在掏出哪怕一分钱之前，都一定要看一看对方设计的样品。

秘诀 13

提问的力量

什么类型的问题呢？任何类型的都可以！只需看一看本书文风，你就会发现很多使用这一策略的例子。它有什么作用呢？（这个句子就是完美的例子。）它会勾起潜在顾客了解答案的欲望。它会产生什么结果呢？潜在顾客会为了找出答案而继续阅读。我喜欢这种技巧。为什么呢？因为它就像诱饵一样可以帮助我吸引更多的读者。那就在标题中使用它，在副标题中使用它，当然，在正文中也可以使用它。

据神经语言程序学（neuro-linguistic programming，缩写 NLP）倡导者的说法，提问会在读者大脑里创造出所谓“开环”。想看一个例子吗？（注意我刚刚创造出来的开环）你想了解一个无须付出额外费用或努力就能让你的赠券兑换率增加 3 倍的技巧吗？你吸引住那些回应者了吗？如果你跟其他大多数商人类似，那么你很可能会做出肯定的回答（至少在心里是这样）。因为你想知道那个问题的答案，所以我已经成功地在你的大脑里“设置”了一个开环。

根据这个假说，一旦设置好开环，大脑就会为了让这个环闭合，而不断搜索信息。尽管我还没有看到支持这种主张的科学研究，但提问确实是一种吸引人们继续阅读的有效方式。我认识一位使用这个技巧的商业培训师。他在培训中不只是长篇大论的漫谈，而是在自己的讲授中不断地插入问题。提问会让每个人都保持警惕，它产生作用的方式就像突击测验一样，可以帮助听众保持警觉。

既然我已经介绍了这种小技巧，那就请留意我在本书中是如何使用它的。注意它是如何影响到你，如何将独角戏变得让人感觉更像双向交流的。

秘诀 14

直邮广告的“祖母条例”

假设你正和一个名叫拉里的推销员面对面地说话。拉里出售海产品，今天他打算向你出售龙虾。他认为你是一个很棒的潜在顾客。

首先，拉里会试图与你建立起友好关系。根据《美国传统词典》(*The American Heritage Dictionary*)的定义,“友好关系”是“一种互相信赖或产生情感共鸣的关系”。换句话说，拉里想让你喜欢他。那样一来，你就更有可能购买他那些大龙虾了。

为了影响你，让你喜欢他，拉里将谈论一些能与你产生共鸣的话题，“融入你的世界”。如果你喜欢汽车，他就会谈论新出的凌志 LF-A Roadster 豪华敞篷跑车。如果你喜欢墨西哥美食，他会跟你谈论 Las Palomas，一家位于巴亚尔塔港海滨的舒适小餐馆。如果你喜欢狗，他会给你看他那条漂亮的平毛寻回犬乔伊的照片。如果拉里每件事都做对了，你就会认为拉里跟你很像。拉里也就成功地与你建立起了友好关系。你现在就更有可能接受他所说的话，购买他出售的东西。（听起来似曾相识？这是消费心理原则 10 中介绍的西奥迪尼的“喜好”原则。）

经过初期的闲扯之后，拉里最终会打开他的公文包，取出各种样品，进一步诱惑你购买他的新鲜龙虾。

现在，让我们做一个类比。推销函就像拉里说的话，是一对一的私人交谈，并且试图“融入你的世界”。相比之下，宣传册就像拉里的公文包一样，非常客观，充满了各种样品、照片和完整的细节。每个组件都以不同的方式服务于同样的最终结果：销售。

记住：广告就是印刷出来的推销员，是向大众传播的推销员。

你的推销函就是你的推销员。要从这个角度去考虑它！推销函应该是私人化的。优秀的推销员不会在向你问候时说“您好！居民……”这样的话，你的推销函也不应如此。它应该融入你的潜在顾客的世界里。假设你在向十几岁的青少年（他们可是舍得花钱的主儿）发信，那你就不能说：

亲爱的贾斯汀：

周末才刚刚开始，你的大多数朋友老早就已制订好计划。而你却坐在家里盯着电话。

而应该说：

嗨！贾斯汀……

如果你厌恶且厌倦了每个周末待在家里上网，而你的所有朋友都在外面聚会狂欢……

你感觉到二者的差别没有？后者更积极乐观，更富有朝气，也更兴奋和私人化。优秀的推销员不会像机器人一样说话：

我建议，不管你目前的约会情况如何，你都要立刻采取行动。

怎么能这么说话呢？优秀的推销员应该这样说：

嗨！贾斯汀，你的目光是不是已经注视着那位美女很久了？难道你不讨厌坐在那里无所事事却眼睁睁看着其他更有勇气的家伙邀请她出去？来吧，试试我的即刻信心系统……如果它无效，我会在48小时内通过PayPal向你退款。还有比这更公平的吗？

不管写什么广告，从列举产品或服务的好处着手都是最好的方式。现在就开始吧，你不能说："是的，是的。可是我不想把它们写下来。我心里知道那些好处。"要写下来！并且要记住：只写好处，不写特色。

（参考秘诀2）在你列出各种好处之后，再以重要性——对你的顾客而言，而不是对你自己而言——为标准排列它们的次序。也就是说，把你感觉最有卖点的好处排在第一位，然后依此类推。列完之后，你也就拥有了一份产品的关键卖点清单。

现在根据最佳好处撰写推销函的开头。

CA$HVERTISING 小贴士

推销函的第一句要写得轻松明快。因为我们生活在一个快节奏的社会里，人们想要轻松和速度。例如：

你想以更快、更轻松的巧妙方式让汽车的汽油里程数提高 22% 吗？

你想快速获得健硕的肌肉，而无须高强度的举重训练或令人抓狂的饮食计划吗？

你想了解一种只需 5 分钟就能学会的简单窍门吗？它能保证提高你的记忆力或让你的收入增加两倍。

你想了解一种经过美国联邦调查局验证、能立刻识别谎言的讯问技巧吗？

不管你发送电子邮件，还是纸质推销函，个性化的问候效果都是最好的。“亲爱的鲍勃”总是比“亲爱的朋友”要好。如果你无法使之个性化，那就尝试使用一种能够暗示潜在顾客购买你的产品后发生变化的问候语，如“亲爱的周末斗士”或“亲爱的未来百万富翁”。请千万别说“亲爱的居民”这种话！如果我带着这样的开场白来到你的住所，你恐怕会当着我的面“砰”的一声把门关上。

CA$HVERTISING 小贴士

用提问作为推销函的开头。要让人们更加深入地阅读，这是一种极其有效的手段。

记住： 第一句和第一段的目标是让人们阅读你的第二句和第二段，依此类推。当你写推销函时，请把这一点牢记在心，这样你的句子就会流畅地向前推进。

现在，回到我们的起始句。在你的第一个句子中提出一个问题——尤其是以“你想……吗？”开头，紧接着指出产品一个极端正面的好处，这是让潜在顾客阅读下去的一个绝妙方法。

你想知道制作美味的无脂肪干酪饼有什么秘诀吗？

你想知道怎样以低于市场价 50% 的价格购买豪华住宅吗？

你想知道在你居住的地区获得免费瑜伽课程的秘密吗？

你想让自己的阅读速度在 3 天内提高到原来的 2 倍甚至 3 倍吗？

看见这些简单问题所具有的力量没有？你所做的，不过是询问你的潜在顾客是否想获得产品提供给他们的好处而已。

艰难的谈判： 人们认为自己的邮件 99% 都是垃圾，很多人看一眼就扔进垃圾箱了。实际上，你只有几秒钟的时间抓住他们的注意力，并且激起他们的兴趣……要不然就会永远失去他们。

AIDA 来救援

大多数人都知道 AIDA 公式。这是以可靠的既定顺序来构筑推销函要素的一种老办法。AIDA 代表注意力（Attention）、兴趣（Interest）、欲望（Desire）和行动（Action）。它指出，你的首要工作是抓住人们的注意力，接下来培养他们的兴趣，然后再激起他们的欲望，最终推动读者采取行动。

举个例子，假设你发现了治愈癌症的方法。你兴奋地写信给美国食品和药品监督管理局（Food and Drug Administration，缩写 FDA）。如果你不知道 AIDA 技巧，你会把自己的信放进一个普普通通的信封，它看起来和 FDA 每天收到的数千封其他书信的信封差不多。想象一下——他们很可能会在打开你的信之前先打开他们的电费账单。你要想办法让自己的信封从其他信封中脱颖而出。

你知道怎样引诱吗

信封上面（在广告公司圈子里叫作“外封”或“载体”）的信息被称为“引诱性广告”。它可以是有关你提供的东西的信息，也可以完全没有具体的内容。在我看来，除非你的产品准确地瞄准了你的邮件名单上的名字——但愿它是这样的——否则你就应该使用“引诱性广告”。为什么呢？因为引诱性广告会立即告诉收信人：信封里装着推销函。我喜欢使用比较含糊的引诱性广告，如“……亲启”“给……的私人书信”或者“给……的重要信件”。如果要放有关你的产品信息的话，就打印在收信人姓名和地址的上方。

三个小建议

试一试色彩鲜艳的信封。用印章或打印机在上面打上鲜红的“急件”字样，在信封前面贴上大量面值比较小的邮票，而不是只贴一张邮票。还有一个很棒的方法，是在别人向你打电话索要信息后使用的，也就是在信封前面打印姓名和地址的旁边写一条个人信息，如“艾琳：这是我们讨论过的那些信息！——德鲁。”

可是，如果你和收信人之前没有电话联系，收信者又不是特定的读者，他们甚至都没要求你寄信，这时候该怎么办呢？你看这样做如何——

“米尔科：请在今晚9：30之前读这封信！——德鲁。”（然后在信中介绍为什么把9：30设为读信的最后期限，例如，指出这是订货的最后期限等。）或者，“辛迪：请告诉我，对于你，我是否错了——德鲁。”它们的变体无穷无尽。

如果信封看起来很私人化，也就是看起来像个人手写或用个人喷墨打印机打印的，而不是公司统一印发的，那么这些引诱性广告的效果是最好的。

现在，让我们回到刚才的故事……

在打开你的信封后，美国食品和药品监督管理局的工作人员会抽出你的信。如果你不知道自己的每一个组件（外封、书信、宣传册等）的首要任务是吸引对方的注意力，那么你可能会因为啰啰唆唆地写了一些乏味的话（它们听起来就像你在申请一份工作似的）而将信的效果毁于一旦。

亲爱的曼斯特雷斯先生：

在过去的 23 年里，我一直在为这个国家的一些最具前瞻性的医学实验室工作。从纽约到加利福尼亚，我为肯尼迪研究所、辛克莱研究中心、罗森医疗中心和劳伦斯生物学实验室工作。一直以来，我都梦想有一天能够向您写这封信。在 ××× 的大力资助下……

看得让人昏昏欲睡。问题在什么地方？你发现了一种治愈癌症的方法，却用有关其职业发展路线的细节来耗人精力，让读者感到厌烦。为了表现这封信应有的紧急性，你应该用联邦快递投递，或者在西部联合电报公司（Western Union）发一封电报。接下来，你应该抛开那些令人厌倦的职业信息，直奔主题！

亲爱的曼斯特雷斯先生：

我发现了治愈癌症的方法。

艾琳·阿克塞尔罗德通知我尽快约个时间跟你和你们研究中心的斯科特·劳伦斯见个面。

随信附上有关这个发现的初步细节，以及我的医学证书。

请立即致电（213）123-4567。

I. M. 里奇

敬上

信中的第一句话只用几个简单的词就抓住了读者的注意力！当然，你的产品或服务很可能并没有治愈癌症的方法那么重要（不管你的回报策略有多好），因此，下面让我们看一些其他方面的例子。

这样开始你的推销函

假设你向女性出售催泪喷雾剂，那么你的推销函就不能这样开头：

亲爱的珍妮特：

在这个时代，街头充满了各种不确定的因素，我们不断读到各种针对女性的恐怖故事。我们读到可怕的统计数据，它描绘出一幅阴沉的画面……

而是应该这么写：

亲爱的珍妮特：

面对体重达220磅的强奸犯，你能保护自己免受侵害吗?

哪个更能抓住你的注意力？答案显而易见！

现在，假设你在出售教人们如何变得更加自信的 DVD 光盘。你不能这么写：

亲爱的埃里克：

最近在大脑 – 心理技术领域取得的进步如此令人兴奋！

只需放一张 DVD 光盘，你就能培养起自信心，提高自豪感……

而是应该这么写：

亲爱的埃里克：

你想让自己的自信增加 2 倍、3 倍甚至 4 倍吗？如果想，这封信将改变你的生活。

因为从现在起，只需 10 天，我就能让你获得本世纪最有权势的商业和军事领袖那样坚定不移的自信心。请继续往下读……

问题：如果你想变得更加自信，上述哪封信的开头会抓住你的注意力呢？答案显而易见。那么，为什么用前一种方式撰写广告文案的人更多呢？因为他们太腼腆。他们害怕冒犯别人。他们关心的是如何让自己的广告文案听起来更恰当、优雅和得体。就我自己而言，我压根儿不关心我的广告文案听起来有多么得体。我写信是为了获得回应。

事实：人们不会等着你的报价到达，因此你需要的是强烈影响他们！祖母条例（The Granny Rule）指出，为了让你的直邮广告抓住人们的注意力，把你的邮件弄得像是你亲爱的祖母寄给你的东西一样会很有帮助。想象一下你的祖母，那么慈爱，披着她那条用五颜六色的毛线手工钩织的披肩，拿出一个普通的白色信封。她抓起一支普通的蓝色圆珠笔，亲手写上你的姓名和地址。然后铺开一页朴素的白色信纸，亲笔给你写一封信，在信中直呼你的名字，并且以她特有的方式拉拉家常，让人觉得温馨而慈祥，让人感受到这才是真正关心你的幸福（再拿捏得恰到好处地勾起你的内疚感，好让你更频繁地去看望她）。然后她舔舔信封，贴上一张邮票，把信寄出去。

事实上，祖母的写信方式也是所有公司在直邮广告中可以采用的最佳方式——既非华而不实，也不昂贵；只是朴素而私人化。你猜怎么着？祖母寄出的每封信都被打开了。为什么？因为它们看起来是私人信件！如今有 99% 的邮件都是一张面孔：一看就知道是招揽生意的。它们看起来就像在大叫：“嗨，笨蛋！快打开这个信封！我们是一家大公司，雇用了一个收费不菲的广告公司制作出这些邮件，不多不少只需 60 秒钟就能打开你的钱包！”

除非你的邮件能极其准确地瞄准目标（即收信人经证实或者非常有可能对你们出售的那种类型的产品或服务感兴趣），否则你那些华而不实的包装很可能会被直接扔进垃圾桶。

假设我想通过向健美爱好者出售一种增加体重的产品来赚钱，我就得寻找一份关于他们的名单，名单上的人已经网购或邮购过同类产品，而且最近经常买，花了很多钱。无论你何时买到一份直邮广告收信人名单，在找到那些有可能对你出售的东西做出回应的姓名之后，最重要的因素就是：

1. 最近购买产品的时间（离现在越近越好）。
2. 购买频率（他们购买同类产品的次数越多越好）。
3. 花的钱很多（这表明他们比那些只花 2.50 美元的人更忠实于你的产品）。

如果你能获得一份热线名单（最近刚刚购买产品的顾客），上面列出花了很多钱购买类似产品，且买了好多次的消费者，那么你就为自己的产品找到了一份超级潜在顾客名单。

请别使用邮寄地址签贴在你的外封上，那简直就是非常刺眼地表明："这是群发邮件！"你可以买一个能让你塞进去一堆信封的打印机，也可以用喷墨打印机将姓名设为手写字体打印出来。要不然就把这个项目交给一群老年人，付钱给他们以手写方式在信封上写地址。只需几个小钱，你就可以获得最有吸引力的地址书写形式。（除此之外，你还让一群人获得了一份有趣的工作。）手写信封会吸引人们的注意力，往往是收件人最早打开的信封。为什么呢？因为它们看起来就像来自一位老朋友的私人书信。

那推销函呢？你不妨选择一种易读的漂亮字体。我以前常常用信使体，因为它看起来特别私人化，到现在仍不时使用它。但是现在很多人都使用诸如泰晤士体、教科书体、学者体和帕拉提诺体之类的衬线字体，“外表个性化”的字体定义也在不断变化。

至于回应工具（也就是我们广告人的所谓“订货单”），如果要像祖母那样和蔼行事，那就永远别把它称为“订货单”，而是称之为“个人尝试凭证”，或“非强迫性的个人尝试凭证”。如果你能在这个单子中填上收信人的姓名和地址，那就更好了。把它印在一张典雅的金丝雀色（黄色）纸张上，好让它在这封邮件的其他纸张中显得夺目。请永远记住，在这张单子上重新描述一下你出售的东西。并在一个正方形的方框右边印上一个大大的“是”，而且方框里有个粗体的勾表示同意。

大师约翰·卡普尔斯建议：在订货单中，要展示人们通过回复所得到的物品图片。例如，如果这是一本书的订货单，那就展示那本书。同时，还要强调一下你的质保说明，将你的邮寄地址、电话号码以及电子邮箱和网址印在单子底部，以防他们万一弄丢了邮件的其余部分，而找不到你的联系方式。其实，你的姓名和地址应该出现在邮件的所有组件上。

记住：使用稀缺策略。一定要强调，顾客毫不迟疑地返回订货单是多么的迫在眉睫。如果你设置一个回复的最后期限，那就太好了！确保这个最后期限不仅要出现在你的推销函、宣传册和其他材料中，而且也要出现在你的回应工具上，给他们一个额外的刺激。记住，如果没有最后期限，人们就倾向于仅仅“考虑一下”。

最后，在邮件中放入一个商业回邮信封（business reply envelope，缩写 BRE），消除回应过程中的最后一道障碍。如果仅仅因为你的潜在顾客没有邮票，或懒得在信封上写地址，就让你失去一次销售机会，你愿意让这样的事情发生吗？如果你没有或不想获得商业回邮许可证，你甚至可以在回邮信封上贴一张真正的新邮票。人们全都希望获得超级快的服务，因此可以利用一点儿心理学，在信封上打印或用橡皮图章盖上红色的“急！内含订单！”“24小时处理”或一些类似的措辞，好让回邮信封显得更活跃、更重要。

现在，就像亲爱的老祖母一样长驱直入直邮广告世界吧！

秘诀 15

社会认同的心理学

不管你是向医生还是比萨店老板出售商品，这都不重要。自从1926 年雪花膏公司旁氏（Ponds）首次运用推荐信以来，人们就一直相信这一套。如果你不使用这种技巧，就会坐失良机。

怎样获得推荐？去要！只需要给你的顾客写封信（或者电子邮件）："我们想让你出名！"然后告诉他们，你想让他们对你的产品或服务提出真诚的看法。跟他们解释说，你将制作一个新的广告、宣传册、网站等，如果他们愿意的话，你希望在他们的推荐词旁边印上他们的照片。作为交换条件，大多数人都会很高兴获得几份成品，拿给亲朋好友看。

假如你是一位网站设计师，你可以提出这样的问题："您对我们的设计服务有何看法？从新网站获得了什么回应？跟您用过的其他设计师相比，我们的服务怎么样？关于我们做业务的方式，你最喜哪个方面？我们的价格是否合理？您愿意向朋友推荐我们吗？您会再次雇用我们吗？”

然后，在这些问题下面放上一份免责声明：“我授权‘激情萝卜网站设计公司’引用我的上述言辞，完整或经过编辑的版本均可，【 】可以 /【 】不可以带上我们的姓名和所在城市 / 州（不会使用您的地址和电话号码），用于广告 / 出版物。作为回报，‘激情萝卜公司’会向我提供 10 册登载本人认可证明的初版印刷资料。”

只需再提供两行用于签名和标注日期的地方，这就行了！这种方法如此简单，我想不通为什么没有更多的企业使用推荐信。记住，向提供推荐的顾客寄送若干册印好的资料。这些就是法律上所说的“对价”，其本质是让协议生效。或者，如果你愿意，也可向你请求的对象支付 1.00 美元的费用：“随信附上 1.00 美元，以支付你将本表格回邮给我们的任何花费。”在这种情况下，那 1.00 美元就成了“对价”。别让他们为了将表格回邮给你而承担任何费用。你可以通过一个预付邮资且写好地址的信封（self-addressed stamped envelope，缩写 SASE）来支付回邮的费用。

记住：如果你想让人们对你出售的东西做出回应，你就得为他们提供尽可能轻松的回邮方式！你可不能偷懒！

秘诀 16

“断头台”原则

我把这个秘诀称为“断头台”原则。事实证明，这是一个夺人眼球的方法。它建立在这样的观念之上，即头部或面部是最引人注目的部分。你只需在广告中放上某人的头部照片即可。脸或头应该直视读者。微笑通常更受欢迎。当然，这取决于你提供的产品或服务类型。在推销催泪瓦斯的广告中，印上一个 235 磅重的劫匪正在尖叫的扭曲的脸，一定会有非同凡响的效果。

你是木匠吗？在你的广告中放一张你的面部特写如何？你是牙科医生？露一露你的脸吧！它不仅能够立即吸引人们的注意力，还会赋予广告一种更温馨、更个性化的感觉。不需要什么奇思妙想，即便是一张小小的黑白照片也可以。

所有这些做法还有一个副产品，那就是增加广告的可信度，因为现在你不再是一个不知名（也不露面）的企业了，你是一个实实在在的人。此外，经常反复登载你的照片会让你被人熟知。在所有广告中都放上你的面部照片和姓名，你很快就会成为家喻户晓的人物。（很可能会时不时地在大街上被人叫住，然后对方会说："嗨，你不是那谁谁吗？"）

CA$HVERTISING 小贴士

将你的照片放在广告的顶部，并引用你说的话作为标题。例如，在我的广告中，我会在自己的照片旁边放上标题（加上引号）"只需 90 分钟……我就能让你的广告回应率增加 2 倍……3 倍……4 倍！"人们会忍不住留意它。那就尝试一下这个"断头台"吧！

秘诀 17

PVA——轻松提升广告文案感染力的方法

问题：对你而言，下面哪个句子会传达出更多的兴奋感和兴趣？

1. 你得到了我妈妈亲手从我家后院果园采摘的红苹果，它们那么可口，很可能是你吃过的最好的苹果。

2. 等着瞧吧，等你的牙齿切入你吃过的最甜蜜多汁、最让人垂涎欲滴的美味红苹果时，你就知道了！不是一两个，而是整整一打脆脆的、甘甜的漂亮宝贝，它们每一个都由我 73 岁高龄的老妈精挑细选，是她亲手从我们自家后院弥漫着阳光的金色果园里采摘的。

答案显而易见。第二段充满了我所说的极富感染力的视觉形容词（powerful visual adjectives，缩写 PVA）。这些形容词创造出清晰、活泼、令人印象深刻的视觉形象，有助于你的潜在顾客在自己心里演示你的产品。

不能说：

大把赚钱！

而要说：

每周大赚 2 750 美元！

不能说：

多汁的红苹果！

而要说：

令人垂涎欲滴、甘甜如蜜、亲手采摘的苹果！

不能说：

饮用更纯净的水。

而要说：

享受如水晶般剔透、如冰川般新鲜的纯净水！

不能说：

了解一种实用的信用卡使用方法！

而要说：

划一下信用卡，就能得到珠宝、电子产品、家具！

不能说：

在跳蚤市场出售黄金大赚一笔。

而要说：

在熙熙攘攘的跳蚤市场垄断黄金市场，然后就看着金钱滚滚而来吧！

肥皂泡破了

我曾经帮一位朋友做过一个宣传册。有一次，我们打电话聊天。

他和妻子出售自制香皂。那香皂真的很棒，颜色漂亮，香味清新。有些看起来就像一大块甘甜、多汁的西瓜，有些像新鲜的橘瓣、鲜亮的柠檬角和果肉丰厚的椰子块。（你看到PVA——富于感染力的视觉形容词——能够为你的广告文案产生什么影响了吗？）下面是我凭记忆写下来的对话……

德鲁：嗨！乔治……这些水果香皂很棒。可是，为什么你们只是平淡无味地说“柑橘味香皂”或“椰子味香皂”呢？为什么不拿它们跟最新鲜、多汁的佛罗里达柑橘瓣做比较？为什么不谈一谈用它洗脸就像在皮肤上泼洒如水的阳光？它的香味如何让你想起在阳光明媚、微风习习的佛罗里达柑橘园里散步？还有你的椰子味香皂——那么香！为什么只是说一句“闻起来像真正的椰子”？为什么不拿它跟那些在阳光灿烂的加勒比海西部新切的椰子相比……让人想起它里面乳白色的果肉和香甜、美味的椰汁？

乔治：那似乎有点儿言过其实了，难道你不这么认为吗？毕竟，我们不是出售食品，我们只是出售香皂！

德鲁：你们出售的当然是香皂，但是，乔治，你需要创造出某种浪漫……某种生动形象……某种让人们能够一下子理解的东西。这才叫推销。

乔治：这一切似乎都没有必要。

德鲁：必要？！出售香皂就不是必要的，乔治！但是如果你打算干这一行，为什么不好好做呢？为什么不积极进取一点儿？为什么不比你的竞争对手多做一点儿？并不是只有你们才干这一行，你知道的。

乔治：呃……哈。

德鲁：这些香皂很棒！但是你们需要比你的竞争对手多做一点儿工作。你们需要脱颖而出！

乔治：呃，如果你说的真那么好，为什么其他人都没这么做呢？

德鲁：很简单。因为大多数人都不是尽可能地以最好的方式做事情，他们是按自以为最好的方法做。由于大多数商人都对如何创造出有效的广告不甚了了，因此，他们也就没有按照最有效的方法做！

乔治：（在考虑。）

德鲁：你们出售的是特制的香皂。不是象牙牌、激爽牌、爱尔兰之春牌。你们出售的是具有两大特色的昂贵香皂：

（1）看起来很美；（2）闻起来很香。不强调这两个如此诱人的特色，那真是大错而特错了！人们购买你们的香皂，不仅仅是需要清洁身体，因为他们用一块便宜的象牙牌香皂也能把自己洗干净。

乔治：是的……但是人们买下来之后就知道它闻起来如何了。此外，每个人都知道橘子、椰子和柠檬闻起来是什么味儿。它们闻起来就是橘子、椰子和柠檬的味儿。

德鲁：天啊，帮帮我吧。（自言自语）

乔治：……既然如此，为什么还要用那么大的空间向人们描述他们已经知道的东西呢？

德鲁：因为这有助于说服消费者！你不妨这么想：如果某人看到你们的宣传册，而且她还喜欢橘子的香味，那么跟她喜好一致的描述就会让她感觉非常浪漫。（把这句话再读一遍。）这可以激发她的想象！通过为产品创造出一部精神电影，它就可以在她的大脑里占据更多"空间"！把多汁的柠檬、阳光明媚的柑橘园、在果园里亲手采摘水果的情形、剥开橘子皮时迸发出的甜香描绘出来。不要做到这里就算完！用一个让她挥之不去的措辞创造出一个令人印象深刻的心理诱惑，就像是"用橘子汁的方式洗脸"！别把那些泡泡称为"肥皂泡"，要称之为"甜蜜的橘子奶油泡泡"。

乔治：（僵硬的笑声）我听见你说的话了。德鲁，但是所有那些奇思妙想的描述……我们出售的只是香皂而已，我无法忘记这个事实。

德鲁：（看看表）好了，乔治，这是我的建议。我干这行只有 23 年的时间。我敢肯定，你会按照你觉得正确的方式去做。那就照你想的去做吧！

记住：你用的词语越具体——用 PVA 来描述——描绘出的画面就越清晰。即使你的产品或服务跟竞争对手的类似，你也能通过这种技巧脱颖而出。

例 1：清洁服务

不能说：

我们的专业保洁员会让你的办公室闪亮如新。

而要说：

我们会把你的墙壁和地板打扫得像医院一样亮，把你的卫生间清扫得闪闪发光并加以消毒，让你的窗户干净明亮，让你的地毯蓬松、洁净，并做除臭处理。

例 2：意大利餐厅

不能说：

人们喜欢我们正宗的意大利美食，因为我们就像给自己的家人做饭一样准备这些食物。尝一尝吧，非常可口！

而要说：

我们的面团都是每天早上新做的。我们金黄色的脆皮面包都是自己烤的。

我们的调味汁是现做的——从未使用调味汁罐头。我们提供的一切都是天然手工制作的食品，百分之百的自然，而且美味可口。

CA$HVERTISING 小贴士

那些不玩“PVA游戏”的企业会自然地走向失败。因为那些使用这种技巧的商家给人留下的印象是他们更有资质，设施更好，更尽职尽责，也更能满足顾客的需要。为什么呢？因为只有他们反映了企业的全貌，这会给人留下他们与众不同的印象。这是极具影响力的心理工具，简直会让竞争对手抓狂，因为他们很快就会意识到你已经将他们置于不利的境地。

秘诀 18

导演精神电影

老老实实地回答下面的问题：

1. 你愿意吃一个水果馅饼，还是吃一大块采用现摘的有机水果、薄薄的手擀黄油面皮做成，并用深盘烘制的浆果派——顶上再加一大勺搅拌了两次的香荚兰豆冰激凌，看一看每次你将餐叉插入那块厚实的美味浆果派时流出的那些浆果汁吧。放一点儿搅拌过的冰激凌在上面，好吗？哇……你见过这么多的水果吗？

2. 杀死几只臭虫，还是摧毁一整窝愤怒的黑寡妇蜘蛛——包括一张颤动的蛛网，上面是刚刚孵化的卵，那只没头没脑、长着毒牙的蜘蛛妈妈在那里守卫着。两者相比，哪个更让你反感？别忘记，单是一只雌性黑寡妇蜘蛛每个夏天就能产下 4 ~ 9 个卵囊，每个卵囊里都包含多达 750 枚卵。只需 14 ~ 30 天，就能孵化出一窝多达 750 只的幼蛛。更糟糕的是，每只长着剧毒毒牙的蛛形纲动物都在你的家里，跟你的孩子、宠物一起生活——不，还包括交配和繁殖——整整3年之久！

如果有必要，你可以试着杀死它们，但是想一想这一点：如果你漏杀了哪怕一只肚里装满卵的雌蛛（或者它的数百只极其微小、到处乱跑的幼蛛之一），那么你很快就会遭受一次全面爆发的蛛形纲动物感染！在过去的5年里，我一直在跟黑寡妇作战，再没有比夜里躺在床上却感觉有什么东西从皮肤上爬过更糟糕的了。实际上，有一件事更糟——在你的枕头下面发现那只"皇后妈妈"刚产下的一堆热乎乎的卵！

你看明白我在做什么没有？我那些经过仔细推敲的措辞使得平平常常的浆果派诱人多了。然而，那个"微不足道"的蜘蛛问题（你原本可以自己处理的），现在人们却要因此打电话给害虫扑灭公司，价值89美元。这到底是怎么回事呢？

首先，要明白所有经历都由下面5个要素构成：

1. 视觉（Visual）——景象。
2. 听觉（Auditory）——声音。
3. 动觉（Kinesthetic）——感觉或情感。
4. 嗅觉（Olfactory）——气味。
5. 味觉（Gustatory）——味道。

这些要素，也就是我们的官能，都是经历的组成部分。任何时候我们在生活中经历任何事，都总是会呈现这些要素的混合体。我们把这些要素称为“内在表征”（internal representations，缩写 IRs），因为它们从内部，从我们的大脑中，呈现了我们在周围世界里的经历。实际上，记忆只是这些要素的混合体。每当回忆起任何经历时，不管是昨天吃的比萨饼，还是你 28 年前大声尖叫着坐过的过山车，你都进入了这 5 大要素构成的混合体，一种“等同于”经历的固定模式。

不管你写的是哪种广告，是宣传册、推销函、传单、电子邮件、网站、户外广告牌，还是广播或电视广告，为了增强你所用词语的效果，你需要做的就是增强你在潜在顾客大脑中所呈现的画面的力量。你需要提升 5 大要素的强度，这样就能创造出具有足够感染力的内在经历，以影响潜在顾客的行为。然而这就是促使人们采取行动的秘方。

让我们面对现实吧：你的潜在顾客都忙于自己的生活。他们不关心你或你的产品，只关心你的产品或服务能怎样改善他们的生活。在大多数情况下，对于大多数产品和服务（也有一些例外）而言，你自己对他们来说什么都不是。

“德鲁！那也太愤世嫉俗了！你怎么能说出这种话呢？”放松。这只是看待整个过程的一种方式。这种观点可以追溯到那条古老的公理：

“人们购买你的产品不是为了它的特色，而是为了获得它带来的好处。”

因此，我们促使人们采取行动、购买产品并要求了解更多信息的方式，就应该去掉他们大脑中原本枯燥而且模糊的形象，用尖锐、超级集中、响亮、鲜艳、可口、芬芳、高度敏感的经历取而代之。

你拥有一家空手道学校？别只是告诉家长们你会教他们的孩子变得更加自信，获得更好的等级。每所学校都这么说！你还要跟他们说：他们的孩子将不再是任由校园恶棍拳打脚踢的沙袋。面对那些肮脏恶臭的嘴脸和紧握的拳头，孩子们将不再任人欺凌。（感觉到其中的差别没有？）

“可是德鲁，没有人那样写广告文案！空手道学校通常都说：‘我们会教你们的孩子变得自信，严于律己，并在入学后免费赠送一套服装。’他们可不会说什么肮脏恶臭的嘴脸之类的话！”

那是因为：（1）他们没想到这么写；（2）他们担心由此会在人们心里勾起什么想法，而不敢这么写；（3）他们是在模仿其他的平庸广告。这是“商业近亲繁殖”的一种形式，最终结果就是制造出虚弱无力、对任何人来说都可有可无的变异广告。

别不敢运用你的大脑。开创出自己的道路，留下你自己的印记吧。你不需要获得任何人的准许，就能以自己的方式做事。你就是领袖，你就是人人效仿的对象，因为你做的事情如此独特。把你那个行业里的人们都摇醒吧。何必让自己变成又一个平庸之辈：没有任何创新，做不出任何值得注意，能让人们讨论，又纷纷购买的东西。

好了，你弄明白我们在蜘蛛那个例子里是怎么做的了吗？我们只是放大或提高了读者的内在表征。通过生动的语言抓住了读者的胳膊，将他们摇醒。凭借清晰（视觉方面）而令人恶心（动觉方面）的描述，我们在他的大脑中所占据的空间要大得多。如此一来，我们就通过促使他更加深入地思考（中央路径处理，还记得吗？）而有效地激活了更多脑细胞。每当你在人们大脑中占据更多的空间时，你都更有可能说服他们，更有可能刺激他们行动起来。我们将模糊不清的形象（那些几乎没有色彩和细节的形象）打磨得如同水晶一般透明、清晰。

长篇广告文案总是比短篇的推销效果更好，这就是原因所在。这也是花两小时跟你交流的推销员通常比那位只跟你待 5 分钟的推销员卖得更好的原因所在。使用更多的时间和更多的词语会更有说服力。

你出售的是什么？怎样增强你的描述效果？怎样带领读者巡视你的产品或服务？

举一个真实的例子，我刚买了一个自动泳池清理机。只需把它挂在游泳池专用的抽水线路上，它就可以利用真空清扫泳池底部，让它保持清洁。如果你愿意，可以让机器全天候地开着，并且在它运转时安全地游泳。它的价格是 250 美元，质保期 2 年。

好了，现在假设你有个游泳池，但是没有泳池清理机。根据我的描述，你准备购买一台吗？我很怀疑。可为什么不买呢？我已经跟你说了它能做什么，如何将它挂起来，它的价格，它的效果以及它有两年的质保！你到底还想了解什么呢？在我看来，你似乎拥有了做出购买决定所需要的一切。我甚至把我对产品的推荐词告诉了你！

你过去不买，是因为没人向你推销；现在不买，是因为你还没有积聚足够的内在表征来促使你决定掏钱。你了解一些事实，但是光有事实只能产生少许的内在表征。光有事实，并不会指导大脑去购买。

那么，为了推动你购买这种产品，我需要说什么？我只需要创造出视觉内在表征、听觉内在表征、动觉内在表征、嗅觉内在表征甚至味觉的内在表征——越多越实用——带你了解这种产品的使用价值便足矣。我的目标是采用非常明确的词语，使你购买产品之前就在自己的大脑中真切地演示这种产品。例如：

亲爱的斯科特：

哦，我的天啊，我刚安装的泳池清理机可真是令人惊异！你必须买一个给自己的泳池装上！这是我迄今为止用过的最容易操作的泳池清理机。相信我，我做过调查。

它是一条装在你的泳池真空管或撇渣器上的长长的棱纹塑料管。它看起来就像一个蓝色的蝠鲼（大约2英尺长），可以优雅地掠过游泳池底部。它看起来简直就跟活的一样，所以我把它称为“搞笑章鱼”。

这条“章鱼”爬过游泳池壁，通过那张小小的嘴，把所有的枯枝烂叶、沙子和其他脏东西都吸走，顺便还把它们堆放在你的过滤筐里，以便你拿去扔掉。

厂家出售这个产品时还附送一段视频，可以帮助你在10分钟内把它安装好。它是如此简单，就连我的寻回犬朱塞佩也能操纵它。

生产这款泳池清理机的公司在业内很有名气，并且已经在全世界售出了 1 250 000 台这样的清理机。在购买它之前，我做了大量调查，人们对它的评价全都是正面的，远比这个价位的其他泳池清理机好得多。至于价格，它只需要 250 美元，质保期两年，并且有 50 美元的返利！

我曾经因为一个问题致电厂家，电话很快就有人接听…… 服务员真的是非常友好，且乐于助人。

（哈！当我敲下这些文字时，我妻子走进屋来告诉我说，泳池过滤网已经装满了“章鱼”吸出来的垃圾。这玩意儿可真是个工作狂！）

（德鲁的提示：上面括号里的这段是销售广告文案的一部分。它如此措辞是为了“跨出”广告上下文，传达出某种现场感，或者实时的真实性——正如我在本章开始时讨论的那样。）

“章鱼”在工作时会发出可笑的“哧嘎 – 哧嘎 – 哧嘎”声，但它其实很安静。它的工作效率如此之高，我们需要在过滤网旁边放一个筐子，这样就更方便倾倒它从游泳池里吸出来的垃圾。（还记得上周我家游泳池的水是棕黄色的，看起来多么混浊吗？你应该看一看现在的水色……它就像加勒比海的潟湖一样闪闪发光，我敢保证它的气味甚至比潟湖更好！）

忘掉亲手用真空吸尘器清扫泳池的经历吧！拥有了我这“章鱼”伙伴，在它不分昼夜地为我清理泳池时，我只需在一旁休息，啜饮冰镇水果朗姆酒即可。它从不旷工，从不抱怨，也从不提高服务价格。（哦，顺便说一句，我打算下周炒掉泳池清洁工弗兰克。他的确是个好人，但是这台自动清理机会为我每年节约 850 美元！）

这个例子中隐含的意思很简单：你只有在潜在顾客的脑子里创造出足够的内在表征，才能打动他们，让他们创造出自己的内在表征，并且最终驱使他们掏钱购买你的东西。

当然，不是每次你都能使用所有 5 种内在表征模式。例如，假如你是印刷商，你就不会跟人们说你的红色和橘黄色油墨尝起来有多棒的水果味（味觉）。但是你可以谈一谈高品质的纸张光滑且富有光泽，富含棉纤维（动觉），能够让他们的信纸在视觉上具有强烈的吸引力，人们手里拿着信或小册子就能实实在在地感觉（动觉）到它的质量。这也会激发他们对你的公司及其产品和服务品质的无意识联想。

这就像启动你的汽车蓄电池：除非你提供足够的电流，否则汽车就不会发动。在潜在顾客的大脑中安装的精神电影也是这样：除非你创造出足够动人的“电影宣传片”，能让他们深入考虑你所说的话，否则，他们就会翻过那一页，或者打开别的网站。

秘诀 19

与人类的惰性搏斗

我往往以角色扮演的形式开始研习会。我会扮演一个平庸的老推销员，一动不动地坐在观众前面的一把椅子里，以最缺乏热情的声音，用你能够想象到的最无动于衷、最不鼓舞人心、最不具说服力和各个方面都“最不……”的推销调子，说道：“不需要匆匆忙忙地决定是否购买，很可能有几十家公司以同样的价格出售同样的产品，为你提供同样的服务。时间有的是，如果你需要，随时都可以在这儿买到。”

接着我从椅子里跳了起来，大声叫道：“如果那句老话说得对，如果广告就是印刷版的推销员，那么，从现今的一般企业在大街上所做的广告看，我敢断言，那家伙（指着我刚刚坐过的椅子）就是他们典型的印刷版推销员！”

要点是什么？不管推销员多么机灵，不管广告多么漂亮，如果他们没法让消费者采取行动，那么在这上面花的钱都是没有价值的投资。广告若只是提供信息，却不鼓动人们去购买产品，那么，它就像一个卖不掉产品的推销员。那么，请你把这样的推销员炒掉，把这样的广告扔进垃圾桶。因为他们只会浪费你的金钱和时间。

> 广告就是通过印刷品销售。这是广告最简单的定义，或许也是一个经得起严格检验的定义。
>
> ——丹尼尔·斯塔奇

促使消费者采取行动需要两个步骤：

1. 让行动变得容易。
2. 要求对方采取行动。

这些组成要素并不能保证人们会采取行动，不过，你将大大提高自己获得成功的机会。那么，就让我们先说说第一个步骤：让行动变得容易。

人类是懒惰的动物。如果我们能按一下按钮就轻松地解决所有事情，那么我们绝不愿意有其他动作。按一下按钮就打开淋浴器？按一下按钮就可开车去上班？按！按！按！事实上，不能提供按钮般便利的东西已经所剩无几。那意味着人们对那些看起来很麻烦的事情高度敏感。我们抵触“卷入进去”。

例如，在车祸现场，司机要求一名旁观者当证人，旁观者经常会说："哦，我不愿卷进去。"此刻，旁观者的大脑中正在放一部电影，里面充斥着令人不快的场面，包括各种激辩、折磨以及要花费不知多少精力的麻烦事。因此，他转身离开了。由于人们对那些需要自己付出努力的事情高度敏感，并且会不遗余力地避免费力劳神，因此，我们作为广告人，应该尽可能让购买变得更容易。

例如，在你收到的直邮广告中，是否附有一份填好你姓名、地址的订货单？它让你只需加上自己的信用卡卡号或一张支票，再把它放进一个已经写好回邮地址，且已经预付邮费的信封，就能实现购买。此外，还有免费电话号码。说不定他们还会允许你货到付款，因为他们知道，如果他们替你做好大部分工作，就会消除那些干扰你订购的障碍。

要尽可能多地接受多种支付形式：所有主要银行发行的信用卡、个人支票、汇票和 PayPal。你也应该提供若干种送货选择，从常规快运到隔日快运（如果货物运得不够快，你就会失去生意）。另外，礼品包装会让你的消费者在准备生日和节日礼物时节省时间，省去麻烦。为了减轻花钱的心理痛苦，还可以提供分期付款计划——"分 3 个月付款，每月只需支付 14.99 美元"。还可以提供网上订购，尤其是当你的竞争对手没有这项服务时。你可以一步一步地告诉你的潜在顾客到底该怎样下订单。如果你是零售商，就要一直提供你的地址、电话、准确的驾车路线（并不是每个人都使用 GPS）和营业时间，然后你就可以说："订购很轻松！"并且根据你的业务类型使用这句话的不同变体，如"轻松获取一次免费评估”“轻松安排验房时间”或“轻松印制商业名片，5 折优惠”或“轻松蒸汽清洁地毯并可节省 199 美元”。人们希望生活得更轻松，那就告诉他们从你这里购物有多轻松。

秘诀 20

确立独特的卖点

如果你参加过我的研习班，你就知道我坚决主张使用某种类型的独特卖点好让你在市场上独树一帜。你不希望自己像杂货店里那种一袋 5 磅重的白糖或盐一样吧？很少有人会为自己到底该买哪个品牌的白糖或盐而操心。对他们而言，白糖就是白糖，盐就是盐。其实，你可以问一个朋友："你最喜欢哪个品牌的盐？"他会用怪怪的眼神看着你，仿佛你是个疯子。

事实上，大多数人都不太关心这些日用品。它们太普通了，总是跟其他品牌混杂起来，自然也就不会得到特别的青睐。

事实：当人们无法将你和你的竞争对手区分开来时，他们就没理由更喜欢你。然而，你的目标是让人们更喜欢你的产品，希望他们在所有提供相同或类似产品的厂家中优先选择你。

我是在费城东北部长大的。在距离我家大约一英里远的地方，过去曾有（现在也有）一家 20 世纪 50 年代风格的餐馆，名叫"时髦50年代”。它位于格兰特大道和蓝草路相交的街角。在把自己跟竞争对手区别开来这方面，这个餐馆做得特别好——午餐和晚餐时排成一字长龙的就餐者就证明了这一点。他们从店门口一直排到人行道上。这家餐馆位于一个大约30年前修建的购物中心。在它的店址上，以前开过舞蹈房、女性健身中心、墨西哥食品店、录像出租店，此外我就记不起还开过别的什么店铺了。但“时髦50年代”是唯一获得成功的，而且是大获成功，如今已经扩大到5家分店。这也难怪：它每件事都做对了。事实上，你可以登录它的网站www.niftyfiftys.com，查看一下那个列出其所获奖项的网页，那真是蔚为壮观。而且这也是关键之处：店主没有对自己的优点秘而不宣。

别试图去逗乐。花钱是一件严肃的事情。

——克劳德·霍普金斯

他们会利用一切机会确保你知道他们有多棒，想方设法让你知道：他们从不使用冷冻牛肉，他们的汉堡包中使用的牛肉是每天新绞的；他们的法式薯条是现切的自制薯条；他们从不使用冷冻洋葱圈。事实上，你一穿过大门，就能透过巨大的玻璃窗看到厨房，看到那个戴着纸帽的人将大片多汁的洋葱片放到捣蒜器里，然后又放进添加香草的面粉中。他们还会跟你说他们用哪种油做油炸食品。

他们告诉你为什么在这里比在同一街区的垃圾汉堡店吃饭对你更有益。他们才不会像 99.9% 的其他企业那样，仅仅把这些留给你自己去了解，希望你自己去发现这些优点。他们先发制人，他们自卖自夸，告诉你为什么他们那么棒。

想想吧！关于你的产品或服务，你能告诉消费者哪些有趣的故事？

CA$HVERTISING 小贴士

确保你的产品或服务质量上乘，否则，可能会失去潜在顾客！

★别只做一家普通的五金商店……要成为“超级五金商店”！

★别只做一个普通的办公室清洁工……要成为“办公室清洁技师”！

★别只做一家小小的宠物店……要成为“小店铺里的宠物大世界”！

★别只做一个居住在丹佛的普通美术设计师……要成为“丹佛头号美术设计师”！

★别只做一家普通的冰激凌店……要成为“冰激凌怪物之家”！

★别只做一家普通的房地产销售商……要成为“快速售房系统专家”！

如果你没有“快速售房系统”，那就自己创造一个可称之为“快速售房系统”的程序。有时发展自己的独特卖点要求你做事独辟蹊径，而非仅仅创造一个热门的时髦用语。仅仅说你是专家并不能让你真正成为专家。你的定位应该反映你的真实情况。如果你设想出一个很棒的卖点，但是你达不到那个水平，那就努力让自己达到！

举个例子，如果我想把自己称为办公室清洁技师，然而我的员工却穿着邋遢的地摊货，那么我“清洁技师”的定位就不会长久。人们就会传言说，我的员工根本不是什么技师，而是懒散的笨蛋。那么，我该怎么办呢？

首先，我会雇用那些从外表和举止看起来都像技师的人。（只需这样就可塑造出良好的形象来。当然，最终要有高质量的服务才能赢来回头客。）接下来，我会让自己的员工全都穿上“高科技”的蓝色或橘黄色连衫裤，袖子上带有我新设计的公司标志。我会给我的垃圾车重新上漆，请一位设计师将公司标志放在每辆车上。我会重新设计自己的信纸，雇用一位设计师制作一份崭新的宣传册，在其中融入我希望塑造出来的整洁而现代的外观。现在，我的“清洁技师”定位就有可能在市场上吃得开了。现在支撑这个定位的就不只是一个令人难忘的时髦用语了。现在我对自己的描述就跟别人对我的看法一致了。这样一来，业务就符合我的新定位了。

在我的 CA$HVERTISING 研习会的激励之下，一位女学员不再把自己称为普通的印刷商，而是开始大力宣传自己的服务定位是

“企业形象塑造者”！为了支持自己的主张，她向本地报纸和商业出版物投稿，告诉读者怎样让他们投入印刷的钱发挥最大功效。她提供一些免费报道，如《怎样使用10个鲜为人知的印刷秘诀让你的企业看起来更专业》《怎样运用色彩的力量来让你的企业资料脱颖而出！》等。这些报道都很简单，篇幅为1～4页，很快就能制作出来。

她还在图书馆针对本地企业开办免费的印刷“诊所”，向他们展示优秀印刷品和拙劣印刷品的样本，告诉他们如何避免犯下同样的错误。她告诉他们怎样获得性价比最高的印刷服务，向他们解释如何通过了解最新的数字印刷技术和其他手段来节省开支。人们开始喜欢她，作为回报，就把印刷业务交给她做。通过把自己——而非竞争对手——定位成客户能够信赖并能随时请教的专家，她走向了成功。这名女学员原本只是经营一家印刷社，而今已成为本地一位值得信赖的专家。你也能够做到这一点。

你不仅能为你的企业定位，还能为你提供的产品定位。在下面的几个例子中，我打算使用来自直销业的广告。要让你的广告脱颖而出，这也是真正需要绝佳定位的地方。

例如，下面的两个标题哪个最吸引你？

在家工作并让你的电子邮件变成丰厚的利润！

19岁大学生发现说服人们通过PayPal向你汇钱的巧妙方法

你的选择是哪一个？如果你具备营销和广告头脑，那么你很可能会选择有关大学生的那条，因为它表现出了我所说的“具体的独特性”，它会在你大脑中植入若干清晰的画面。如果你这么做，你就能更好地控制读者的注意力。他们会更投入，他们会好奇：“那个19岁的孩子是怎么回事？他是怎么发现这个方法的？”他们很可能会想象他是什么模样：他的脸、头发、衣服。尽管有成千上万有关“赚钱”的广告，但是人们以前从未听说这样的定位。它新奇而与众不同。

记住：如果你想让自己的广告脱颖而出，那就说点儿与众不同的话。

> 创造与众不同，并且能让人立刻就认出来的广告。研究发现，包含“新奇成分”的标题或图片会获得更高的“阅读吸引力”指数。
>
> ——斯塔奇调查公司

其他例子：

仅剩4个月寿命的百万富翁同意揭开自己获得财富与成功的秘密。

百万富翁私人日记在棕榈泉被发现——揭示了鲜为人知的成功秘密。

弄明白没有？关键在于制造出与众不同的悬念（或定位），它们跟成千上万的其他广告人说的都不一样。要诚实，但是要找到一种能引发好奇心的方式来说出真话！别再说那种“网上致富”的废话，人们厌倦了这种含糊而一般化的表述。问问你自己：“我提供的产品有什么独特之处？我是唯一提供这种计划、产品或服务的商人吗？关于我，有什么独特之处可开发利用？”

你是一个拥有生财之道可出售给本行业其他人的农夫吗？“爱达荷农夫说：‘如果你遵循我的计划，那么种植 100 美元的钞票就跟种土豆一样轻松！’”

你把自己剃成光头了吗？“光头克里斯教授的咏春拳说不定哪天会救你一命。”一定要在所有宣传资料上放一张你的照片，你就会很快变得家喻户晓。

你是身材魁梧或个子很高的人吗？“身高 6 英尺 5 英寸、体重 275 磅的男子提供全美最大的电脑折扣！”找人给你拍一张仰拍的照片，强调你的大块头。把它印在所有资料上。把自己称为“电脑巨人”！在宾夕法尼亚州，“大个子马蒂”牌地毯已经使用这种方法很多年了，而且行之有效。他们的广告和标志真的会脱颖而出……那么大！

读一读那本《定位：争夺用户心智的战争》（*Positioning: The Battle for Your Mind*）。它根据现在你在市场中的位置以及你想要达到的层次，一步一步地教你创造出自己的形象。

正如我在自己的研习会上大声呼吁的那样："别满足于成为本行业的普通一员！让你的竞争者跟其他所有人掺杂在一起吧——但你不能那样！赋予你的形象一点儿新花样，然后你就会鹤立鸡群！"

秘诀 21

买下自己的“岛屿”——占据最有效的版面位置

如果花更少的钱就能在页面中占据支配地位，那又何必做一个整版广告？告诉你的广告代表，你想要一个 1/2 版岛形版面：跟典型的垂直或水平半版相比，这种特殊尺寸的广告会在视觉上占据几乎整个页面，使得报纸很难将其他广告放在它附近。

结果怎样？他们往往会在你的广告旁排一些阅读资料（新闻），这意味着跟你竞争的广告更少。1/2 版岛形版面有两栏宽，高度为页面高的 3/4，但是它会主导整个页面。根据我们在消费心理原则 17 里谈到的“长度意味着力量”探索法，它会导致读者对你的优势印象更加深刻。

这是那条古老原则“黄页里最大的广告肯定来自更好更成功的公司”所产生的效果。

记住：要获得很好的反响，你并不需要做巨幅广告。可爱的小广告就像《大众科学》（*Popular Science*）和《大众机械学》（*Popular*

Mechanics）之类杂志重复多年都没有改变的广告那样——也让很多广告客户发了财。不过，由于它们的空间有限，因此最适合两步销售过程：

1. 潜在顾客咨询。
2. 你寄去全面的信息，我们希望这一步会导致他们购买。

如果你追求的不仅仅是纯粹的销售，那就需要更多的空间来讲述自己的故事。这正是半页岛屿给你的东西，同时它能让你的故事——而非你竞争对手的故事——成为众所瞩目的焦点。

秘诀 22

确立自己的权威地位

你是自己所讲主题的权威吗？影响力的 6 种诱因模型告诉我们，权威人物具有很高的可信度。因此，他们提出的观点会获得广泛的信任。使用外围路径处理这一心理捷径，会让人们觉得权威人士的话更可信。人们会认为：他（权威）肯定已经研究自己的主题多年（长度意味着力量），人们都听从他的意见。因此，我这么做肯定也没错（从众效应）。他不偏不倚，只叙述事实而非个人观点（兼顾信息的正反两面、证据），因此，我可以信赖他。

事实上，你也可以把自己当作本领域的权威来推销，并披上同样的影响力的外衣。让我们从这样的假设开始，即你已经很好地掌握了自己的主题，能够流利地谈论它。

步骤 1：把自己当作一个拥有海量宝贵信息可与他人分享的人。这很简单吧？不幸的是，很多人因为过于自卑，甚至都无法踏出这一步。如果你认为自己的知识没有价值，那么在开始之前就注定你已经完蛋了。

步骤 2：你知道公众能够获取某些知识，但是你要用尽可能丰富的形式把它们表达出来。怎样做？

首先，穿上适合你业务的服装，找一位当地的商业摄影师给你拍一张头部照片。

其次，把它印在你的所有销售资料上。现在可不是害羞的时候，从宣传册到合同，都要把你的面孔呈现在公众眼前。把这张照片放到广告、电子邮件、网页、推销函及广告牌上！

最后，自己出版一些东西。从电子杂志开始，以硬拷贝和 PDF 格式制作几份有关你那个主题的报告，每份的长度为 3 ~ 10 页。

举个例子，如果你是一位印刷商。那么，制作几份标题如下的简单报告：

★ 怎样印制漂亮的结婚请柬但又避免挨宰？

★ ×× 市（你所在的城市名称）商界怎样在漂亮的四色印刷上节省高达 27% 的成本？

★ 怎样让你的简历获得比竞争对手高 325% 的注意力？

明白我的意思了吗？这种报告包含的信息是身为印刷商的你已经了解的。在那个有关简历的例子中，你的报告可以简单地讨论诸如利用特殊的纸张、字体、装饰和油墨颜色来给人留下超级专业的印象，从而脱颖而出。

报告会突出你印在封面上的头部特写照片，位于照片之下的大写姓名以及你放在封面上的公司名称。例如，我会这么做：

在这里……
印刷业专家透露
如何将自己的简历效果提高 325%
并击败你的竞争对手！

这份特殊的报告来自
商业印刷专家
德鲁·埃里克·惠特曼

惠特曼出版公司
加州石印市数字路 821 号
邮编：92261
电话：(760) 555-5678

在报告中，你首先用几段话说明吸引人的简历具有怎样的重要性，然后按照标号依次阐述自己的观点：

简历回应率提升策略 1：排版与设计

简历就跟其他商业交流手段一样。但在这里，你出售的“产品”是你自己！因此你的简历、说明信和封面应该跟当今最大的公司与其潜在购买者交流时所用的那些东西具有同样的吸引力。我曾经为一些在自己领域内最有天赋的人印制简历。每次我都建议他们要……

简历回应率提升策略 2：纸张选择

……

你怎么散发这些报告呢？你可以在自己的广告中宣传它们，把它免费提供给任何走进你店铺的人。它们不仅把你当作权威来推广，也让人们逐渐适应和接受你。在提升自己的形象方面，你的竞争对手有 99% 都会无所作为，而你却在树立自己作为权威的地位。记住，要在报告中附一张赠券。如果你做得够好，等他们读完你的报告时，应该就准备好跟你做生意了，因为你现在已经被视为一位对简历印制了如指掌的行家！

你还能怎样在其他方面把自己当作权威来宣传呢？你可以为本地报纸制作社论风格的广告，让它看起来就像问答专栏，由你提出问题并解答。每一栏都包括大约三个带有简短答案的问题，确保你的头部照片出现在广告顶部，并附有大写的姓名。实际上，如果你的“专栏”提供了对读者有用的信息，有些报纸会免费接受它。无论如何，要确保你的企业名称、地址和电话以含蓄的方式出现在广告底部：“如果对如何最有效地使用印刷还有疑问，那就请把问题发到（此处填写你的地址）。”

你还可以组办研习会和讨论会，制作教育产品，著书立说，接受广播和电视采访，在博客上宣传你的专业知识！你帮助他人的方式是无限的，这反过来也会为你的业务创造奇迹。

秘诀 23

披着问卷调查外衣的推销函

我几乎为自己的每一个重要客户都这么做过，而且屡试不爽，每次都能产生巨大的回报。你要做的是给潜在顾客寄一份问卷调查表，向他们提出五六个问题，可以包括你想了解的任何信息：他们对你的产品或服务感觉如何，他们觉得你的价格怎么样，他们是否愿意在接下来的一两个月从你这里购买等。换言之，向他们问一些让你能够洞察其思维过程的问题。

然后，在每份调查表的底部，写上一个让顾客难以拒绝的诱人报价。可以是一份下次购买打 5 折的优惠券，可以是一次免费咨询的凭证，也可以是一张下次购买可获得一份特殊礼物的代金券，任何你觉得诱人的东西都可以。接下来，你写一封短笺，说一些跟下面这封信类似的话：

亲爱的艾琳：

能请您帮我一个忙吗？

我们想了解您对我们最近向您提供的豪华轿车细部装饰服务的看法。

能请您就下面提出的问题勾选出自己的答案，然后用附送的预付邮资的信封将这份调查表寄还给我吗？非常感谢您的帮助。

您的朋友

（签名）

德鲁·埃里克·惠特曼，亮闪闪商店老板

请为下面的每个问题勾选出一个数字：

1）请为我们的豪华轿车细部装饰服务满意度打分（10分为满分）

1　2　3　4　5　6　7　8　9　10

不满意　　　　　　　　　　　非常满意

2）请为我们的服务水平打分（10分为满分）

1　2　3　4　5　6　7　8　9　10

很差　　　　　　　　　　　　非常棒

……

诸如此类。现在，关键部分是这份问卷表调查的末尾，它应该是这样的：

非常感谢您完成这份重要的问卷调查表。为了对您的帮助表示感谢，我将送给您这瓶 5 折优惠的 16 盎司[7]镜面喷雾剂，以保护您的爱车刚刚做完的细部装饰。只需把它喷在车体表面再擦掉即可。该喷雾剂售价 10 美元。不过，如果您在（此处填入日期）之前寄回这份填好的调查表，只需支付 5 美元，我就将给您寄送一瓶（邮资已付）。如果您在做完细部装饰 30 日内给爱车喷上这种重要的产品，它将帮助你的爱车保持闪亮，并把污物封锁在外，保护期可延长 50%。你还在等什么？！保护你的投资，只需在下面的“是”前打钩，并把这份调查表和你的付款返还我们即可。赠送这瓶价值 10 美元的喷雾剂，对您参与我们的调查表示真诚的感谢。

仅向调查对象提供的半价产品！

（　）是的，德鲁！我已经按照你的要求完成了调查表。请以仅仅 5 美元的价格寄给我一瓶价值 10 美元的镜面喷雾剂。这是仅向回应这份特殊调查表的顾客特供的 5 折产品。

支付方式：【 】现金【 】支票【 】汇票【 】信用卡

【 】VISA【 】万事达信用卡

卡号____________　金额____________

你看到它的威力了吗？这种做法不过是利用了如下事实：

7　1 盎司 =28.350 克。——译者注

1. 人们喜欢对各种事情发表自己的看法；
2. 因为他们已经打算寄回问卷调查表，因此让他们把付款塞进预付邮资的返还信封中就轻而易举了。

关键是要提供某种你原本会以其他方式提供的产品，但又仅仅向那些填写调查表的人提供。你说低价是你“表示感谢”的方式，这就让低价显得理所当然，并赋予你出售的产品一种排外的气氛。

这个问卷调查表对你来说就是小菜一碟，它只是在8.5英寸×11英寸的商业信纸上写的一封私人信函。为了获得最好的回应，使用个性化群发，这样你的信看起来就像私人信件而非批量制作的。

大多数产品或服务都可以使用这种问卷调查技巧。这样，除了多销售一些产品，你还获得了宝贵的回馈。而且那些回馈可能比你从额外销售中获得的利润更有价值！有一个很好的问题能让人们自由地表达其想法，那就是：“如果你是我这家公司的老板，你会采用什么不同的做法？”你一定会为自己得到的精彩回答而惊讶。欲了解更多将顾客的想法变成利润的信息，请参阅秘诀28。

秘诀 24

用图片增强广告效力

人人都知道“千言万语抵不过一张图”的说法，但是大多数人都不知道这个俗语是有科学研究做支撑的。

1991 年，斯塔奇调查公司做了一项由 2 000 名消费者参与的调查研究，让他们就 650 种有关各种零售和全美企业的报纸广告做出回应。研究结果证明，不管广告宣传哪种类型的产品或服务，图片（照片或绘制的插图）都会直接影响广告的反响。下面就是那次研究的结果。

- ★ 若广告中有 50% 的组成部分为图像（照片、绘制的插图、图形元素），那它们比没有图像的广告所获得的关注（看到并回忆起来）高 30%。
- ★ 若广告中有 70% 的组成部分为图像（照片、绘制的插图、图形元素），那它们比没有图像或图像很少的广告所获得的关

注（看到并回忆起来）高50%。

* 在“读者最多”这一项中，带图像的广告得分也要高60%。
* 和图像很少或完全没有图像的广告相比，拥有4～9个图像的广告会将“引起注意”的分数提高30%。
* 和图像很少或完全没有图像的广告相比，拥有10个或更多图像的广告会将“引起注意”的可能性提高55%。
* 拥有10个或更多图像的广告，“读者最多”这一项的分数会猛增70%。
* 展示产品比不展示产品的广告吸引的读者要多13%。
* 照片是最引人注目的图片类型，它吸引的读者也最多。

7类最好的照片

多项研究显示，下列几种类型的照片吸引的注意力最多。盖洛普咨询公司曾为金佰利公司做过一项经典调查“让4 979 855位读者告诉你他们在周日阅读些什么”，其中有来自16个城市的29 000名阅读了20种不同周日报纸的读者接受了提问。盖洛普发现，读者更喜欢下列图片（按照受欢迎度高低排列）：

1. 儿童和婴儿。
2. 母亲和婴儿。
3. 一群成年人。
4. 动物。

5. 体育场面。
6. 名人。
7. 食品。

《大观》(*Parade*) 杂志曾经报道说，下列图片最受关注：

1. 婴儿。
2. 母亲和婴儿。
3. 动物。
4. 名人。
5. 食物。

为什么这些图片对我们这么有吸引力？因为它们接通了八大原力。我们需要爱、保护和照顾我们的家庭，获得社会认同，获取成功、地位、食物和饮料。在道格拉斯·亚当斯的《银河系漫游指南》(*The Hitchhiker's Guide to the Galaxy*) 中，生命的含义是“42”。而在现实中，关于人类，大多数以“为什么”开头的问题答案都是“8”——八大原力。不信你就试试看。

> 图片只有在跟广告宣传的品牌和传达的信息存在明显的联系时，它们对品牌选择的影响才是有效的。
>
> ——吉耶普·弗兰森

演示、行动和虚拟动作的力量

把有关产品的照片放到广告里，它吸引的读者比没有这种照片的多13%，而且正在使用产品的照片又比仅仅展示产品的多13%。为什么？因为使用产品的照片为广告增添了动感和戏剧性，并演示了产品或服务，勾起了读者的想象力。如果广告中的照片或插图展示了人，那就比没有展示人或图像的广告在“引起注意”方面的分数高25%。

在CA$HVERTISING研习班上，我展示了两份分别为两家竞争公司所做的辣椒水喷剂广告。A公司广告的标题是：“劫匪制止器！”并突出了一个女性握着这种产品的手部特写，仿佛她在向你展示上面的商标。

B公司就要精明一些。他们的广告标题是：“按下按钮就可阻止劫匪！”展示的是一名女性向包围她的一群色眯眯的攻击者喷辣椒水的插图。每个恶棍都表现出不同程度的痛苦：有的跪在地上，有的躺在地上，有的咳嗽着，有的抓住自己的脸，有的大叫着，有的落荒而逃……

亲爱的读者，现在告诉我，如果你正在市场上选购辣椒水喷剂，如果你只看标题和图片，你会更喜欢这两种产品中的哪一种？答案显而易见。B公司向你展示了其产品是如何产生作用的。尽管那只是一张绘制的插图，而且是黑白的，但是它仍然传递出了辣椒水喷剂的有效感（如果使用照片，效果会更好）。然而，A公司的蹩脚广告除了传达出对广告的无知之外便什么都没有了。

要始终为你的照片提供背景。电冰箱的广告不要以普通摄影棚作为背景，而是要以布置漂亮的厨房作为背景。

——斯塔奇调查公司

秘诀 25

用“钩子”抓住读者

什么是“钩子”？就是那些贴在推销函首页顶部的小东西，如 1 美分、5 美分、10 美分、25 美分的硬币或 1 美元的钞票，它们会吸引人的眼球，让读者几乎没法不继续往下读。

如果我给你寄一封信纸顶上贴着 1 美元纸币的信，难道你不会产生兴趣吗？它只是 1 美元，但是那封信很可能会比当天到达的其他任何邮件都让你感兴趣。下面这个例子说明了该如何利用这个技巧。例如，假设我是卖地毯的，手头有一份刚搬到附近地区的居民名单。

亲爱的斯科特：

正如您看到的那样，我在这封信的顶部贴了张崭新的 1 美元钞票。

为什么？为了证明一个论点。

我将向您证明——就在这封信里——怎样在为自己的新家购买地毯时节约 100 张这样的钞票（是的，100 美元）。

假设我拥有一家健美水疗中心，我按照名单，给距离水疗中心 5 英里以内的女性寄信。

亲爱的路易丝：

正如您看到的，我在这封信的顶部贴了张崭新的 1 美元钞票。

为什么？为了证明一个论点。

我将向您证明怎样在你首次来“加勒比碧海”时节约 20 张这样的钞票（是的，20 美元）。

或者，假设我是一个出售热带山竹果汁的网络营销员，我按照一份名单给一些寻找机会的人写信。

亲爱的埃里克：

正如您看到的，我在这封信的顶部贴了张崭新的 1 美元钞票。

为什么？为了证明一个论点。

我将向您证明——凭借直销业数十年来最热门的赚钱计划，怎样在不到 3 个月时间，挣到 10 000 张这样的钞票（是的，10 000 美元）。

明白了吗？事实证明，这是激起读者好奇心的一种有效方式——甚至会让他感觉自己有义务去看你的信。除了面值低的美钞，还有很多吸引人眼球的方法。可以尝试各种有趣且能有效吸引人们注意力的东西。

假设我是一名技艺精湛的婚礼摄影师，并且我能弄到一份即将结婚的女性名单。我会这么写信：

亲爱的路易丝：

正如您看到的那样，我在这封信的顶部贴了一张糟糕的婚礼照片。

我为什么这么做呢？目的是不想让你像照片中这对可怜的夫妻那样，犯下同样的错误。

您瞧，埃斯特和山姆（照片中的新娘和新郎）在选择自己的婚礼摄影师时无所适从。

结果怎样呢？非常遗憾！灯光非常奇怪，人看起来非常僵硬，拍摄角度非常业余，色彩也很不调和。甚至他们的皮肤看上去也是斑斑点点。这是大喜的日子，可他们却只能给人看这样一堆糟糕的照片。

您知道怎样避免埃斯特和山姆所犯的错误吗？就在这封信里，我会告诉你怎么办。

你可以继续把这封信写下去，介绍一些有用的小秘诀，然后描述你的摄影服务具有什么优势。在信中附上一份证明你所言不虚的推荐词（当然要突出你最好的照片），然后提出你的优惠报价。一份看起来不错的“省钱证明”会给这封信锦上添花。

- ★ 你出售位于加利福尼亚州拉古纳海滩的房地产吗？那就附上一小袋沙子！
- ★ 你经营一家代收欠款的公司吗？那就附上一张空头支票！
- ★ 你是一家糖果店老板？那就附上一张糖纸——它是用来包裹你最好吃的巧克力棒的——并放入一张可用于免费品尝那张糖纸所包美味的优惠券！（多么卑鄙的诡计！）
- ★ 你是一位印刷商？那就附上一份印得一塌糊涂的宣传册。

你可以想出无穷无尽的“钩子”！只需确保它不会弄破信封就好。这个技巧很有效。早在 1937 年，罗伯特·科利尔就曾有效地使用过，如今你使用它也会很有效。不相信吗？那就试试！不妨做一个分组实验：A 组是 500 封带有“钩子”的信，B 组是 500 封没有“钩子”的信。然后比较结果，我会欢迎你成为“眼球钩子迷俱乐部”的最新成员！

秘诀 26

广告文案长短比较

又是争论广告文案长短的老话题。我本以为这场争论早在几十年前就已盖棺定论了。事实上，近一个世纪以来，现实世界（不是学术上）中所做的种种实验已经表明这个问题根本没什么可争论的。但是有些信息不太灵通的人不同意这个看法。

> 直邮广告人知道简短的广告文案不管用。在分组实验中，无一例外，文字长的广告都击败了文字短的广告。
>
> ——大卫·奥格威

实际上，有一种评论让我一听就知道评论者对广告业知之甚少，它是这么说的："哦，你最好把广告文案写短点儿！没人阅读那么长的说明。现在的人都比以前忙，所以写得越短越好。”

尽管他们这种保持广告文案简短的警告听起来很有逻辑，但是事实上这完全是一派胡言！直邮广告文案巨擘加里·赫伯特是我早期的导师，他曾经写道：“广告文案写得再长都不为过，除非它特别让人厌烦！”说得太对了。

有关这个问题已经做过数百次的研究和数千次的实验。所有的广告界巨人——约翰·卡普尔斯、克劳德·霍普金斯、大卫·奥格威、约翰·E. 肯尼迪、尤金·施瓦茨、马克斯韦尔·萨克海姆、沃尔特·韦尔以及其他位列广告文案作者名人堂的人都一致认为：写得好的长篇广告文案比短的更好。

> 关于广告，你听到的最普遍的说法是人们不愿阅读长篇大论。然而大量广告费最高的广告表明，人们确实会阅读长篇大论。
>
> ——克劳德·霍普金斯

事实上，如果某人对你的产品来说是真正的潜在顾客，你简直不会相信他会阅读多少精心撰写的推销广告文案。当然，也别把你的广告文案写成毫无重点的长篇大论。也不要只是为了填满空间或者为了用大量的词汇给人留下深刻的印象而撰写。你一定要写出足够的文字来让对方了解信息，培养他们的欲望，说服并推动他们采取行动。有句老话讲得好：“说得越多，卖得越好。”当然，前提是你得说到点子上。

考虑一下：一名优秀的推销员，如果分别花 2 个小时和 10 分钟向你推销，你会在哪种情况下购买他推销的东西？当然是 2 个小时。为什么？因为你会在他使出全身解数的说服中听到每一个推销陷阱，他会用自己能够想象到的每一个好处击中你，他会揭开——然后摁下——你心中的每一个敏感按钮，翻来覆去地摁。

> 广告使用简短文字的唯一原因是实在没什么话可说。
>
> ——马克斯韦尔·萨克海姆

既然如此，为什么人们认为销售资料和这名推销员有那么大的区别呢？当然，你的广告、宣传册和推销函无法判断潜在顾客的反馈。它们看不出是什么让顾客变得兴奋或厌烦。这也正是它们必须把所有情况考虑在内的原因。广告文案必须从不同的角度反复陈述产品能够带来的每一个好处。

例如，你是否注意到，有多少汽车广告不仅投合了你考虑购买新车时的想法，也投合了其他人的想法？当一辆外观绚丽的车呼啸而过时，人们会纷纷驻足（八大原力：获得社会认同，与人攀比的欲望）。还有它的实用性：它是那么安全，撞击测试证明了这一点。（八大原力：生存的欲望，免于恐惧、痛苦和危险的欲望，照顾和保护自己所爱的人的欲望。）你注意到了吗？它们不仅投合于你的情感，也诉诸逻辑和理性。这样一来，它们针对的目标就同时包括运用外围路径和中央路径思考的人了。

但这些还不是全部！它低廉的价格和更高的汽油里程数意味着你在购买中很精明，你是个负责任的人。（八大原力：获得社会认同的欲望。）你可以把钱省下来用到更重要的事情上，比如孩子的教育，或和爱人好好度个假。

看出点儿眉目了吗？你用来证明购买你的产品具有合理性的方式越多，你就越有可能影响人们去购买。所以你要拉着他们的手，告诉他们产品的全貌。你罗列产品的好处（长度意味着力量），展示照片让他们亲眼看到产品，大量列举消费者对产品的称赞（社会认同），并用质保证明支持它（平息买家的恐惧）。等你做完这些事情后，你已经拥有一份很有说服力（而且往往也很长）的销售资料。要保持文案的趣味性以及它和读者的关联性，同时，使用的推销手段越多，它的影响力就越大。

推销员不会向你问候一声，用寥寥数语介绍自己的产品，然后就要你在订单上签名。不！他会用足够的说辞对你动之以情，晓之以理，最终自然地走向销售。

——维克多·施瓦布

我之所以认为大多数人不明白这一点，原因就在于：他们认为消费者为了购买就必须读完广告中的所有文字。荒唐！例如，假设我在阅读一份文字很长的广告或推销函，那么我可能在读过标题之后就准备购买了。我会当场拿起电话下订单。我不会说："我真的想要这东西，但还有更多的文字要阅读……现在我没法下订单。"那太荒谬了！有些人需要很长的文字说明才能被说服，有些人则需要很少的信息就能做出决定。然而文字长一些可以让这两种人都得到满足。"长小姐"得到了自己需要的所有细节，"短先生"也可以随时停止阅读并下订单。如果只使用简短的文字说明，那么我就无法让"长小姐"得到她需要的信息，她就会因为没有被说服而走开。只为一种类型的买家制作推销资料，这是多么愚蠢的做法啊。

"可是德鲁，用于网络宣传的广告文案该怎么办呢？它完全是另一回事，对吧？"错！研究显示，比较长的广告文案胜过比较短的……即便在网上也是如此。

用户界面工程公司是一家专攻网站、产品适用性研究、培训和咨询的公司。下面是他们的报告。

1. 我们的研究显示，页数较少但每页篇幅较长的页面可能更适合用户。那么，该把内容隐藏到折页中，还是该把它扩展到几个页面？在对二者加以权衡之后，我们发现，把内容放到单个页面上会更适合用户阅读。
2. 增加信息的层次——类似于给一个提纲添加若干部分的细节——似乎也有助于用户的阅读。

3. 用户或许会跟我们说他们讨厌滚动屏幕，但是他们的行动表明实际情况是另一回事。

为了弄清广告文案的长短对人们切换网页的频率会产生什么影响，MarketingExperiments.com 做了几次测试。

结果：在他们的 3 次测试中，文案比较长的都胜过比较短的。

关于是否尝试比较长的广告文案，尽管内部还有一些争论，但 Online-Learning.com 还是将自己主页上的广告文案长度增加到了原来的 4 倍。道格·塔尔博特报告说："仅仅看过主页后就离开我们网站的读者人数下降了 5%……我们还注意到，注册人数增加了 20%。"

如果商家更关心的是推销资料的质量，那么他们就没工夫为这种究竟是先有鸡还是先有蛋的不解之谜操心。他们花太多的精力忙于提高销量，而根本顾不上这些。

> 在你弄清多大篇幅的广告最有效之后，不管你的广告只有一英寸还是全页，你都应该让页面空间挤满文字说明。
>
> ——约翰·卡普尔斯

在这一点上与我争论的任何人都是很可笑的。跟约翰·卡普尔斯以及其他被我在本节引用其观点的广告界巨擘争论的任何人都是不了解广告的笨蛋。

秘诀 27

报价测试

正如你应该测试不同的标题，测试不同的报价也至关重要。仅仅因为人们没有回应你的广告，并不能断定他们不想得到你出售的东西。可能是因为你的广告表达效果不好，或是不够吸引人。

假设你是脊椎按摩治疗师麦克拉肯医生，你目前的广告宣布你的按摩院举行了盛大的开业典礼。这份广告看起来很棒，却没有顾客。于是你重新撰写一份广告，并提供一次免费的脊椎检查，或向新顾客提供 50% 的折扣。你做的事情是改变你的报价。事实上，你那次盛大的开业典礼根本没有向任何人提供任何东西，对吧？你只是告诉人们要为你的开业而高兴。没用。你需要提出不同的报价，看看哪一个效果最好。

你还能怎样设计你的报价？你觉得用“第二次治疗免费”取代新顾客打 5 折的说法如何？这跟打 5 折是一回事，不是吗？但是实验显示：“买一送一”比打 5 折的说法更有效，“赠送”是一个威力强大的词语。

你还能想出其他的什么说法？“4 月特价：跑步者可享受免费脊椎检查”怎么样？然后再试试“5 月特价：健美运动员可享受免费脊椎检查”等。为什么不试试“每次来本店都可享受免费按摩！”提供这样吸引人的服务会对你的顾客基数产生什么影响？我不关心你是否雇用一名按摩学校的学生来做这项工作，反正你应该比其他椎骨医生提出更优惠的报价，把顾客追求的东西给他们，那就是更多的优惠服务！提供一次免费按摩会让你广告上的报价显得非常迷人，并且可以让顾客的注意力从你那些什么优惠都不提供的竞争对手那里转移过来。

要时时问自己：“既然知道顾客会回报给我更多的业务，那么我怎样做才能给予他们更多？”当你购物时，这不也是你想要的吗？你难道不想用自己的钱购买更多的东西？当然想了！你还能提出什么别的优惠？

“家庭特惠套餐”怎么样？或者“夫妻套餐”？这些都是不同报价达成交易的不同方式。不断地测试不同的报价，直到你发现一种能让钱包鼓起来的办法。

你觉得为老年人提供特殊折扣怎么样？买四送一怎么样？如果你是一位矫正儿童脊椎的治疗师，“每个前来治疗的儿童均可免费获得一只微笑的骷髅玩偶萨米”！并且在你的广告中放一个萨米的图片。不错，它看起来令人毛骨悚然，这或许会失败……但是，它也可能会让你的业务朝着一个全新的获利方向发展！那正是你测试不同报价的原因。为所有的新顾客提供一个免费的背部支撑软垫怎么样？或者提供一次听起来很权威的报告。

如果你的广告没有什么效果，那么也别灰心丧气地说什么“没人需要我出售的东西！我太不幸了”！首先，尝试着修改你的广告标题，因为它会在读者看到广告的头几秒钟成就或毁掉广告。然后，检查你的价格，因为失败的原因可能只是价格跟市场脱节了。接着，再尝试不同的报价。

记住：你做的事情是试图弄清对市场有吸引力的是什么。你不能告诉市场该从你那里购买什么。顾客会以他们自己的方式告诉你他的需求。如果你的广告没有什么效果，那是在向你传达某种信息。如果你的电话铃声没有响，那也是在向你传达某种信息。如果没人使用你提供的赠券，那同样是在向你传达某种信息。你要自己去弄清顾客需要什么，然后满足他们的需要。那正是下一节的主题……

秘诀 28

问卷调查的力量

弄清人们的真正需要最好的方式是什么？向他们提问。那正是销售人员在 20 世纪 30 年代做的事情。他们走近司机、家庭主妇、生意人、建筑工人、零售商……任何人——只要符合他们追求的目标市场。然后，他们会提出这样的问题："你喜欢什么？你不喜欢什么？你缺乏什么？你偏爱什么？怎样做更好？"

出此获得的回答让制造商在改进产品和提供新产品方面获得了宝贵的反馈。对于他们的广告代理公司而言，如果说做问卷调查之前他们的宣传运动像是漫无目标、自由落体的炸弹，那么这些调查就为他们提供了一个弹药库，让他们以巡航导弹的精确度，发起瞄准消费者欲望的宣传活动。

现在也没有什么区别。不管电视和电影如何塑造广告行业，在广告公司工作都跟大多数人想象的不一样。你并不是简单地坐在那里，凭空设想出奇妙的宣传口号。设计出成功的广告活动以及附带的宣传资料，并非始于富于创意的灵光一闪，而是始于调查。

如果你是世界上最大的瓶装水生产商，并且试图在一座城市挨家挨户地叫卖这种水，然而这里的大多数居民自己的后院都有水井，那么你就不走运了。谁让你事先不做调查呢。

与其花数千美元做一些广告来猜测顾客或潜在顾客需要什么，何不简单一点儿直接问他们，然后围绕他们的回答制作广告呢?

所以，做个问卷调查吧！问一问人们对你的产品或服务有什么想法。如果你经营一家比萨店，问一问人们，当他们出去吃比萨时，对他们来说什么是最重要的。他们喜欢什么？他们讨厌什么？他们愿意为一个带有全部配料的18英寸比萨支付多少钱？如果顾客每购买一个大比萨，你就提供两杯免费的饮料，他们是否会更频繁地光临？他们最不满意的是什么？他们多长时间出去吃或购买一次比萨?

你把这些问卷调查表寄给谁呢？寄给所有距离你的比萨店5英里以内的居民，怎么样？或者只寄给你的老顾客。为了感谢他们的回馈，可以向他们提供一份免费的比萨。是的……贿赂他们接受你的问卷。别为这点儿付出而心疼！跟你所获信息的价值相比，免费比萨所花的钱根本就不值一提。设一个回应时间限制以保证对调查的控制。

双明信片是一种不错的问卷调查格式。这不过是一种可通过一排穿孔撕开的明信片。其中一半明信片上有收信人的地址，而对页则解释了他们完成和返回问卷调查卡——也就是那排穿孔的另一侧——会得到什么免费的甜头。调查卡的另一面上是你的返回地址。

在填完问卷调查表后，接受调查者只需沿着穿孔撕开两张卡片，然后把调查卡丢进信箱即可。为了获得更多回应，可以使用那种允许在返还卡上盖邮戳的商业回执邮件，这样人们就不会因为必须在上面贴邮票而推迟寄还时间。你想获得宝贵的信息，因此要让完成调查的人尽可能轻松地把卡片寄回来。

另一种简单的格式是单页信纸尺寸的调查表。你寄出单页信函，解释你提供的精彩礼品，并且随单页问卷调查表寄出一个预付邮资且印有你公司地址的信封。他们会阅读你的信，完成调查表，将它塞进你那个写有公司地址、贴好邮票的信封，把它扔进邮箱。尽量让调查表简短一些。或许你可以把信和调查表都放进一张 8.5 英寸 ×11 英寸的纸上，如果有必要的话，可以把正反两面都用上。这会节约纸张，也使得整个过程对接受调查者来说更加简单，因为他们需要处理的纸张更少。这种格式的好处是你自己印制调查表会更容易，而且信和信封格式看起来更像是个人交流，由此可能让调查表获得更多关注。（请一定读一读“秘诀 14”，了解一些促使人们打开你的问卷调查信的设计技巧。）

记住：让问卷调查获得更好回应的秘密是简单！要让回复超级简单。如果有可能，给所有问题都提供多项选择答案，并且使用语义区分等级。例如：

请用 1 ~ 10 分的分值评定你出去吃比萨和在家自己做比萨的可能性。

1　2　3　4　5　6　7　8　9　10

不可能出去吃　　　　　　非常有可能出去吃

请评价弗兰科比萨店的比萨跟商店里购买的冷冻比萨哪个更好?

1　2　3　4　5　6　7　8　9　10

弗兰科的更差　　　　　　弗兰科的更好

你在接下来两周内到弗兰科比萨店就餐的可能性有多大?

1　2　3　4　5　6　7　8　9　10

不可能　　　　　　　　　非常有可能

如果你花几千美元做了一次新的促销，又花了几百美元做了一份新的宣传册，却发现你推销的产品并非顾客和潜在顾客想要的，你难道不会为此感到羞愧吗？因此，你需要先做调查，而问卷调查则是最轻松且最廉价的调查方式。

想象一下，在确切地了解了潜在顾客的感受——他们需要什么，他们计划什么时候再次购买，甚至他们打算支付多少钱之后，跟你的竞争对手相比，你会获得多大的优势！现在想象一下，在总结了所有回应之后，想一想你曾做的那些荒唐的推销，它们提供的东西跟顾客真正需要的恰恰相反，这时你会觉得自己是多么愚蠢啊。我确信，就算你的竞争对手中有人做过这些调查，数量也很少。广告公司应当注重问卷调查的力量及其提供的不可思议的见解。尝试一次，我敢保证：你会让它成为你经典实践的一部分。

秘诀 29

社论兴奋剂——让人一眼认出你就是叫卖的广告

你不需要跟沃尔特·克朗凯特建立什么联系，就能把广告设计得如同新闻故事，并从中获利。要提高广告获得的反响，这是一种经过实验证实的有效方式，而且操作起来很轻松。这种简单得不可思议的办法一直受到许多著名广告专业人士的称赞。

大卫·奥格威说，社论式广告获得的读者人数比普通广告多 50%。约翰·卡普尔斯说要多 80%。直邮广告专家理查德·本森提出要多 500% ~ 600%。尤金·施瓦茨是有史以来最优秀的直邮广告文案撰写人之一，他在自己的著作《突破性广告》中用了整整一节来介绍这种技巧。施瓦茨把这种技巧称为"伪装"，因为它的目标是让你的广告跟报纸上发表的新闻故事混杂起来。它是这样操作的：

假设你是一名专业的催眠师，专门帮助人们戒烟。你以新闻的风格撰写了一份广告，而不是让它看起来跟当地报纸上刊登的广告一个模样。你让人把它设置为与新闻相同的字体，每栏的宽度也跟新闻一样，连行距也是相同的。用同样的方法处理标题，你不妨以类似于下面的方式开始你的“新闻广告”：

本地催眠师公布了一种
在 48 小时内戒烟的新方法

如果你是一名奥兰多的居民，想戒除吸烟的习惯，但是又无法鼓起足够的勇气，那么这篇文章会给你带来福音。居住在奥兰多的催眠大师布格斯 · J. 豪谢尔发现了一种新方法……

就是这么简单。你只需以同样的方式继续写下去即可，就像在常规广告中那样列举出各种好处，但是要用“新闻记者的语气”表达出来。

有一个很棒的技巧是使用几句引语，如：

“我还以为自己永远也戒不掉了呢，”一位在豪谢尔的帮助下成功戒烟的患者斯科特 · 劳伦斯说，“我尝试各种各样的办法，包括把自己锁在放拖把的橱子里待一个星期。这个办法不管用，现在我更喜欢在拖把橱子里吸烟了。”

在讲述完自己的故事后，你要推动读者采取行动。

“欲进一步了解豪谢尔威力强大的48小时戒烟新技巧，只需致电他的办公室（407）345–6789，或者访问其网站HalshireHypnosis.com。”

CA$HVERTISING 小贴士

在社论式广告中，决不能让你的语气听起来对自己出售的东西过分热情。新闻报道应该是客观的，因此，如果你走得太远，大肆宣传，就会把整个事情搞砸。最好在写广告前先阅读几篇该报发表的新闻。这会让你感受到你需要模仿的语气。为了获得更好的反响，可以向任何打电话或访问你的网站的人提供一份免费的报告：“若想获得一份有关豪谢尔医生的报告《催眠师怎样帮你在48小时内戒烟》，只需致电其办公室（407）345–6789或访问其网站HalshireHypnosis.com即可。”

有人发现，广告看起来越像社论，停下来浏览和阅读的读者就越多。

——大卫·奥格威

秘诀 30

把赠券用作说服工具

如果在你的广告四周围上一圈赠券风格的虚线，这能否刺激人们购买？是的，确实可以。即使你的广告不是真正的“减价”优惠券，这种技巧往往也会提高广告的反响，因为赠券所暗示的经济回报决定了人们会阅读赠券，并采取行动。

是谁发现这个赚钱小花招的？所有人都认为这要归功于费城药剂师阿萨·格里格斯·坎德勒先生。他从可口可乐发明者约翰·彭伯顿先生那里买下了这家软饮料公司。坎德勒被看作优惠券推销的一位先驱。1894 年，坎德勒向所有前来兑换他那种手写优惠券的顾客提供了一杯新鲜的可口可乐。这场活动如此成功。他接下来又提出，“任何零售商或用汽水桶出售饮料的小贩”，只要为那些手持优惠卡的顾客免费分发 128 份（相当于一加仑）饮料，他就给他们两加仑的可口可乐糖浆。坎德勒咄咄逼人的推销让可口可乐在 1895 年就闯入了美国各州的市场。

不管你从事哪一行，都别忽视优惠券的作用。小小的赠券会带来巨大的回报！你不妨从优惠券委员会查一查这些统计数据：

* 美国有 86% 的人使用优惠券。
* 2007 年，购物者通过使用优惠券节省了大约 27 亿美元。
* 据优惠券使用者报告，凭借优惠券，他们购买食品杂货的费用平均可节省 11.5%。
* 2007 年，制造商提供了超过 3 500 亿美元的优惠券。

“是的，这听起来很棒。可是，德鲁，只有老年人才会收集赠券。退休的人有大把的时间。我的市场可是跟这不同。”你错了！其实，不论老幼，每个人都喜欢省钱。看一看下面这组统计数据：

年龄（岁）	使用优惠券的比例（%）
18 ~ 24	71
25 ~ 34	87
35 ~ 44	89
45 ~ 54	85
55 ~ 64	90
65+	91

“可是德鲁，只有收入低的人才会搜集优惠券！”你又错了！实际上，在使用优惠券的人中，年收入达到 100 000 美元的所占比例

很大！

收入（美元）	使用优惠券的比例（%）
25 000 以下	86
25 000 ～ 50 000	85
50 000 ～ 75 000	88
75 000 ～ 100 000	88
100 000+	81

你也可以利用优惠券带给人们的心理力量。只需给广告、订单表、传单或回邮代金券周围加上粗体虚线框即可。我刚写了一个提供免费小礼物的广告供客户在其网站上发布。我要求设计师给广告文案设置一个优惠券式边框，并将文本背景设为淡黄色。多惹眼啊！

当你使用这个点子时，你就利用了神经语言程序学中所说的“心锚”。“心锚”就是通过引入一种特定的刺激而引发的条件反射。苏联科学家伊凡·巴甫洛夫每次在给狗喂食之前摇铃。在重复多次之后，他只需摇铃就可以让狗流口水了。这个铃就是心锚。在狗的大脑中，铃声和食物之间建立起了联系，结果就产生了“条件反射”，狗一听见铃声就流出大量唾液。对这只狗而言，铃声其实就意味着食物。巴甫洛夫把这种反应称为信号作用，这就是后来人们所称的“经典条件反射”。

CA$HVERTISING 小贴士

优惠券并非必须采用某个尺寸才会产生效果。它可以是各种尺寸，从一英寸宽的“豆腐块”到大幅宣传册，应有尽有。我喜欢使用粗体的优惠券边框，其中构成边框的每个“点”实际上都是一个小小的长方形。

现在你是否弄明白优惠券是如何充当心锚了呢？在人类的大脑中，优惠券意味着节省，意味着一次合算的购买行动，意味着精明的购物者。尽管你不可能让所有人看着你的优惠券流口水（如果你能够办到，请告诉我，这是我仍在试图研发的一个技巧），但是你能够利用这种在优惠券刺激之下产生的积极情绪——不管是有意识还是无意识的，而且这往往会带来销售。

秘诀 31

提高网络广告反响的 7 种方法

电邮广告的最佳发送频率

为了获得最好的反响，你应该多长时间发一次电子邮件？弗雷斯特调查公司和恩孚欧咨询有限公司都在报告中提到同样的结论：31% ~ 35% 的人喜欢每周收到一次电子邮件；18% 的人喜欢每周有两三天收到电邮；13% 的人喜欢一个月一封；12% 的人喜欢每天一封；10% 的人回答说每个月 2 ~ 3 封电邮；6% 的人说每个月不到一次。然而，恩孚欧的研究报告说：有 8% 的人回答“从不”。

点击率——研究告诉人们该期待什么

汽油价格上升了，电子邮件的回应率下降了。二者之间没有关联，但是这是我们必须面对的现实。有研究显示，电子邮件营销的点击率正在下降。目前，电子邮件广告的回应率千差万别。那些制作粗糙、发送给顾客（名单是非法获得的）的邮件回应率有时还不足 1%，然而广告中具有诱人动机且发送给自有顾客名单的则会获得超过 20% 的回应率。

记住：点击并不意味着下订单，但是要卖出东西，你的读者首先必须阅读你的信息。

超文本标记语言与纯文本难题

根据《电子邮件营销新闻》的调查，超过 68% 的电子邮件营销都是超文本标记语言（hypertext markup language，缩写 HTML）格式——或者，更简单地说，带有图片的电子邮件吸引力更大。如今，约有 60% 的电子邮件使用者都有可能收到这些更形象的邮件。根据朱庇特调查公司的说法，HTML 格式获得的回应比纯文本格式的要高 200%。但棘手的是，有些人会设置自动阻止 HTML 格式的电子邮件。

CA$HVERTISING 小贴士

做一次分组实验，比较你从 HTML 和纯文本格式广告中获得的回应：把你发送电邮的名单分成两组，然后同时分别发送两种格式的邮件。精心构筑的 HTML 格式电子邮件逐渐增加的回应能力可能会超过发送能力更高的纯文本格式邮件。

让收件人打开电邮的最好方式

根据《电子邮件营销新闻》的报道，对于单向确认地址、企业对企业电子杂志，其平均“点开率”为69%；达到60%或更高就算很好了。那么，对“点开率”影响最大的因素是什么？

1. 熟悉的发件人（如果收件人能认出你的名字那就使用它）。
2. 私人主题行（要始终将收件人的名字放进去）。
3. 有趣的广告（精确瞄准你的市场）。

广告尺寸与读者人数多寡

就跟平面广告一样，在网络广告中，“巨幅垂直广告”（纵向的高广告）和“通栏广告”（大型横幅广告）比常规尺寸的横幅广告效果更好。此外，大型广告比小型广告效果更好，交互式广告[8]比非交互式广告的效果更好。这些发现都产生于一项为C-NET[9]所做的研究。研究证实，人类在线上线下的行为没有多大不同，而且对平面广告的研究也表明它们存在类似的回应模式。当今的技术人才

8 交互式广告（interactive advertisement）是指任何要求或允许浏览者做出行动的广告。从最广泛的意义上说，对横幅的点击也可以算是一种交互。不过，我们通常把“行动”定义为发出请求或在网页上查找详细信息。

9 涉及C#或.NET平台的相关内容。

总是鹦鹉学舌地重复那句并不准确的话："网络广告的规则是不同的！"对他们来说，上面的研究结果已经足够了。就像其他形式的广告一样，网络横幅广告的效果好坏取决于它是如何遵守那些基本的广告原则的，例如本书介绍的那些。

提高动画广告点击率的办法

动画广告产生的点击率至少比静态广告高 15%，有时甚至要高 40%。为什么？因为运动吸引注意力。这是警告我们当心危险迫近的生存机制的一部分。但这是否意味着你的广告应该为了动作而胡乱拼凑些动作呢？不！尝试一些简单的运动元素，它们就可以增强你的推销信息的吸引力。

记住：飞快闪烁的元素让人讨厌。广告的目标是吸引人，不是激怒人。考虑使用过渡、擦除、渐变和其他一些类似的动作。

神秘广告的点击率更高

神秘广告的点击率更高，但是转变为销售的比例却很低。根据一项研究，神秘的电邮广告可将点击率提高 18%。但问题是点击的多，买东西的少。为什么？这种广告未能很好地瞄准目标市场。在你的按揭售房广告信封上写下大大的"性爱"两个字，再按电话簿上的姓名把它们寄出去。大多数人都会打开广告信封；甚至那些不需要按揭的人也会打开。因为性与生存是八大原力之二。问题是，让人打开信封的是“性爱”这两个字，而不是与售房相关的低利率调息按揭。所以下一次不妨试一试这样写“需要低利率按揭吗？”那时，你才是对正确的读者使用了正确的措辞。虽然打开你的电邮的人会更少，但是那些打开它的人会是更好的潜在顾客。

记住：别把点击跟销售混淆。

秘诀 32

利用多页广告获得成功

商家明白重复的重要性。他们知道，每次播放他们的广告时，可能只会吸引你部分的注意力。因此，他们反复播放广告，希望达到他们的目的。如果你前 10 次看的广告对你没影响，他们就希望接下来的 50 次会迫使你购买。

同样的策略也适用于平面广告。你不能将一份广告只投放一次就完事。就跟电视广告一样，你的第一批广告或许根本就不会引起潜在顾客的注意。投放频率的重要性也就在于此。斯塔奇调查公司所做的大量实验显示，在同一期出版物上投放多幅广告，效果会非常好，并且具有单个广告所无法复制的 1+1=3 效果。如果你想在市场上掀起什么波浪，不妨考虑以下 10 种方法。

1. 连续在右页登载 3 幅单页广告。
2. 在同一期出版物不同部分的右页登载两幅单页广告。

3. 双跨页广告。

4. 右侧的单页广告。

5. 左侧单页加右侧的条幅构成的广告。

6. 左侧的单页广告。

7. 右页的棋盘广告（在该页的四个角上各登载一幅占据 1/4 版面的广告）。

8. 左页的棋盘广告。

9. 右页上半页的半版广告。

10. 左页下半页的半版广告。

秘诀 33

质保书——确保获得更高的回应率

你对自己的产品或服务有信心吗？有多强的信心？我给自己的很多产品提供一年全额退货保证。为什么？为了给买家吃颗定心丸，让他们放松下来。这样，顾客就会想："德鲁肯定对自己的产品非常自信。我可以在一年内退货并拿回我的全部货款。那我还有什么可担心的？"

买家感觉自己很脆弱。他们的钱是辛辛苦苦挣来的。每次他们付出一点儿钱，作为交换，都需要增加一点儿信心。他们想知道，他们打算购买的东西的价值是否跟他们为此支付的钱价值相当。从他们释放出自己合情合理的脆弱，到体验产品之前，存在一段紧张和不安的时期。他们为这次交易付出的钱越多，紧张感自然也就越强烈。买一个烂苹果并不会破坏你的生活。但是买一所房子在 5 年之后发现房契是伪造的，这可就是另一码事了。

在大萧条时期，人们的钱很少，因此花钱时极度小心。面对这个时代的逻辑，荷美尔却反其道而行之，在芝加哥的一份报纸上登载了一个巨幅广告，上面画着一个系着围裙的杂货铺老板伸出手，举着一个汤罐头。它的广告文案是这样开头的：

双倍返还购物款

如果你说这种家庭风格的新型蔬菜汤不是你买过的最可口的汤罐头的话……

这个报价仅周五和周六有效。到离你最近的食品店去，按照常规价格支付13美元就可以买到20盎司重的一大罐，里面装着荷美尔原味蔬菜汤，请按照标签上的说明食用。如果你认为这不是你买过的最好的蔬菜汤，你可以将空罐头盒退还给你的零售商……我们已授权他双倍返还你购买罐头的费用。

这是广告客户第一次有勇气做出“双倍返还购物款”的保证。很多忧心忡忡的公司主管警告道：“别那么做！以现在的经济状况，人们会购买很多汤罐头，然后为了一己私利而将它们退回来！”

这个广告获得了轰动性的成功。事实上只有12名女性利用了这个保证。但是问题在于：这个保证是否有助于完成销售？你最好相信它确实有帮助。它降低了顾客在购买前的心理压力。最重要的是，它给了顾客购买的信心。

你的潜在顾客每次考虑购买时，他的大脑都会变成两种相反力量彼此厮杀的战场：一边是怀疑，一边是想让自己相信的欲望。现在，想象一个老式的天平，它的一边放着怀疑，另一边放着想让自己相信的欲望。假设按照从1～10的刻度，他的怀疑水平是7（10是“最怀疑”），而他想让自己相信的欲望水平是5。那么，为了平衡他现在感到的怀疑，就要靠你在他想让自己相信的欲望那边增加重量了。给出强有力的质保承诺，有助于减轻怀疑那一端的重量，同时增加欲望那一端的重量。有时你只需如此便可解决那座天平两端的不平衡。

更长更强的质保承诺，不仅可以提高你的销量，还会（很有讽刺意味）减少退货。为什么？研究显示，短期的质保（30天、60天、90天）会让消费者摆出退货的姿态，迫使他们对最后退货期限更加留意。比较长的质保时间（6个月、1年、5年、10年、终身质保）会让潜在顾客对产品充满信心，避免在使用产品时抱着“争分夺秒”的心态并在短短的质保时间内退货。

CA$HVERTISING 小贴士

提供你所在行业最长、最强的质保。这样的质保传达出你对自己所出售的东西充满信心，这反过来也会让潜在顾客充满信心地付钱。除此之外，它还会让你的潜在顾客质疑你的竞争对手那无力的——或者根本就没有的质保。你还可以提出问题——用巨大的粗体字——“为什么我们的竞争对手只为他们的（此处填入产品类型）提供90天的质保？”紧跟着再发问：“难道他们的产品存在某种不可告人的秘密？”

一份精心制作的质保可不是事后诸葛亮，而是一种非常强大的销售工具，并且是你最重要的工具，尤其当你的竞争对手质保服务相比而言显得无力时。亮出你的质保服务，别把它藏起来！在质保证书四周围上漂亮的证书边框，并把你的签名印在下面。把它放到你的广告、宣传册、网站上。要为它而自豪！看看它为你带来奇迹。

秘诀 34

尺寸的心理学

事实：越大的广告越会吸引更多注意力。这个观点已经被各种研究者使用不同的方法所验证，而且他们全都得出同样的结论。不过，随着广告的持续变大，它吸引的注意力会怎样按比例增加呢？这还没有量化。研究已经证明了这一点：广告的关注价值并非跟它的尺寸增加值完全相通。换言之，将广告的尺寸增加 4 倍，通常并不会让读者人数也增加 4 倍。

因此，如果你的老板、客户或合作伙伴说："嗨，我们的 1/4 版面广告收到了 100 个回复。把它扩大为整版广告，那么我们就会获得 400 个回复。"这时你就需要请他坐下来聊一聊了。

在下面的表格中，1/4 版面广告的关注价值用 100% 表示。同样，半版和整版广告的关注价值也按照它们跟 1/4 版面广告的价值之比来计算。

广告尺寸与关注价值之比	1/4 版面（参照广告）	半版广告（2 倍尺寸）	整版广告（4 倍尺寸）
W.D. 斯科特	100%	300%	666%
E.K. 斯特朗	100%	141%	215%
G.B. 霍奇金斯	100%	151%	213%
D. 斯塔奇	100%	168%	314%
H.F. 亚当斯	100%	178%	无数据
平均值	100%	187.6%	352%

好吧，让我们把这事说得简单一点儿。在应用心理学家 W.D. 斯科特的实验中，他让受试者以自己的速度阅读杂志，然后问他们："你记住了什么广告？"注意，半版广告（其面积是 1/4 版面的 2 倍）的分数是 300%，而整版广告（其面积是 1/4 版面的 4 倍）的分数是 666%，或者说其关注价值达到 1/4 版面的 6 倍以上。斯科特的结论是：关注价值超过了广告尺寸的增加。这意味着你让广告尺寸增加到 2 倍，获得的关注却会远远超过 2 倍。很棒，不是吗？但是请等等……

斯坦福大学研究人员 E.K. 斯特朗——《斯特朗兴趣量表》的创造者相信，使用真正的杂志会扭曲实验结果。"嗨，伙计们，影响受试者的不单是广告的尺寸……还有广告本身！"因此斯特朗为自己的实验制作了一份虚构杂志——也就是一个模型。结果表明，随着广告尺寸的增大，其关注价值并不像斯科特实验中那样出现戏剧性的增加。斯特朗的结论是：关注价值滞后于广告尺寸的增加。

纽约大学教授 G.B. 霍奇金斯的研究也有类似的结果。他让自己班上的学生阅读一份杂志上的一篇文章，但是没提任何有关广告本身的事情，然后让他们回忆自己看到了什么广告。

我们的朋友 D. 斯塔奇的实验怎么样呢？在他 1927 年出版的经典之作《对三百多万优惠券的分析》（*Analysis of Over Three Million Coupons*）中，他从来自不同广告人的 907 份广告中收集了 1 400 000 份回复。这个研究得出的结果跟斯特朗、霍奇金斯和亚当斯的不无相似之处。看一看斯塔奇的数据，你会发现半版广告的分数比 1/4 版的高 68%，而整版的分数则达到 1/4 版面的 300%。

斯塔奇的结论是：关注价值滞后于广告尺寸的增加。斯塔奇说："广告获得的回应跟广告的尺寸非常接近于成比例增加，尽管比较小的尺寸会略占优势。这或许要归因于比较小的广告可能对确保获得回应方面更为重视。"

密歇根大学心理学教授 H.F. 亚当斯不喜欢以上所有人的研究。他想在实验中消除所有跟广告尺寸和关注价值没有直接关联的变量。杂志？不用！文章？去掉！图片？排除！亚当斯抽出剪刀剪下一个个五颜六色的正方形，然后将它们拼贴成 4 种不同的尺寸：1 平方英寸、1.5 平方英寸、2 平方英寸和 3 平方英寸。讨论极简主义，使用视速仪——一种短时曝光投射仪器，用来帮助训练二战期间的战斗机飞行员辨别敌军飞机——他让受试对象每次看四个方块。长话短说：他得出的结论跟其他所有人的都很相似。

那么，我们怎样以一种对我们广告人来说比较实用的方式理解所有这些疯狂的研究呢？可以这样概括：广告的关注价值大致跟其面积的平方根成比例。这意味着，如果你想让你的广告现在获得的关注增加到 2 倍，你就需要将它放大到 400%。（因此，如果它原来是 1/4 版面的广告，你就需要将它扩大到整版。）为了将关注增加到 3 倍，就要将它放大到 900%（只有当你从非常小的广告如分类图片广告开始时，它才具有实际操作性）。如若不然，你就不得不像“秘诀 32”里描述的那样登载多页广告。

现在就有一个经验法则告诉你如何提高广告的吸引力。从一个实际证明有效的广告开始，更多的关注 = 更多的阅读 = 更有说服力 = 更多的购买 = 你口袋里有更多的钱。这才是我喜欢的那种等式！

秘诀 35

页面位置的心理学

左页？右页？顶部？中间？底部？为什么你的广告应该出现在一份出版物的某个位置，100 位广告人会给出 100 种不同的理由。然而，能拿出研究支持其推荐位置的广告人，就算有，也不会很多，可是他们居然对此深信不疑！

其实，针对数百期杂志和几十个行业内的众多广告所做的各种各样的研究已经表明：不管广告出现在任何一期出版物的内页、封面、中间还是封底，或者，不管它们出现在左页还是右页，其效果都没有差别。诸如斯塔奇、斯坦顿、尼克松、《国家杂志》、卢卡斯以及其他研究者得出的结论都普遍认为，广告本身——它所提供的商品的力量，以及广告文案和设计的制作——是最重要的。

好广告无论放在报纸哪个位置都会被读者注意到。[10]

——斯塔奇调查公司

10 但其中有4个位置会获得更多关注。见“秘诀36”。

秘诀 36

4 个奇妙的位置

正如我们刚刚讨论的那样，尽管在左页与右页之争中没有明显的胜者，但是斯塔奇公司发现，独特的广告位优势确实值得为它多花点儿钱。他们对 618 份刊登在杂志封面上的广告和 10 789 份出现在内页上的单页四色广告做了比较。他们考察了男性和女性出版物、商业和消费出版物，发现结论都是一致的。这“4 个奇妙的位置”可帮助突出你的信息，甚至在排版排得最拥挤的出版物上也是如此。下面就是他们研究的结果：

- ★ 出现在封二上的广告获得了最高的平均“关注值”（被看到并回忆起来）分数，跟刊登在同一期上其他任何地方的类似广告相比，其分数最多要高出 29%。
- ★ 放置在目录对页的广告可获得比别处高 25% 的分数。
- ★ 出现在封底上的广告比内页上的分数高 22%。

- ★ 放在封三上的广告比内页的高6%。

因此，别再为把广告刊登在出版物的什么位置而苦恼了。那可能不会有丝毫差别——当然，除非你愿意为那些经研究证实更受关注的封面广告位付出更多钞票。

秘诀 37

消费者的色彩偏好以及色彩如何影响读者人数

你知道人们最喜欢什么颜色吗？很多研究者已经就消费者的色彩偏好做过数十个实验。正如人类心理学所证实的那样，所有实验的结果都是一致的。简要地说，下面就是经过汇编的等级。

等级	色彩
1	蓝色
2	红色
3	绿色
4	蓝紫色
5	橘黄色
6	黄色

对绝大多数受试者来说，蓝色是最受偏爱的色彩，红色紧随其

后，然后是绿色、蓝紫色、橘黄色和黄色，偏好等级恰恰就是按照这个顺序排列的。看看你目前的销售资料是否反映了这些全球性的发现。

不幸的是，并非所有美术设计师都知道这个研究（他们应该知道）。因此，这就要靠你自己来指定你最希望突出哪些色彩。

橘黄色之战

男性和女性在色彩偏好上只有很小的差别。以 21 000 份报告为基础所做的研究显示，对男性和女性而言，色彩偏好的顺序大致是相同的。只有一点例外：男性将橘黄色排列在第 5 位、黄色排在第 6 位；而女性则将黄色排在第 5 位，橘黄色排在第 6 位。

色彩偏好随着年龄而改变

婴儿把红色作为他们的第一选择，接下来是黄色、绿色和蓝色。在他们长到大约 12 ~ 14 个月大时，这种偏好就会改变，红色仍然是第一，黄色是第二，但是蓝色会跳到绿色前面。等孩子们长到 5 岁时，他们对红色、绿色和蓝色的偏爱大致跟以前相当，但是黄色的等级就要低得多（不太吸引人）。等他们上学之后，蓝色逐渐超过黄色。这种喜好方向会在整个成年期一直保持下去，蓝色在偏好等级中上升，而黄色则下降，并且随着个人年龄的增长继续保持这个趋势。不过，对红色的偏好一直都很高。

越老就越爱蓝色

为什么随着我们逐渐变老，蓝色会受到更多的偏爱？对它的普遍偏爱或许跟逐渐变老的人眼睛所发生的变化存在某种联系。看一看老年人的眼睛，你就会发现感光的晶状体变得模糊或变黄了。事实上，儿童的晶状体也许只能吸收 10% 的蓝光，然而老人的眼睛也许能吸收 85% 的蓝光。有一种理论认为，这是在我们逐渐老去时保护我们的眼睛免受过于明亮的光线刺激的一种自然方式。

最受喜爱的色彩组合

每年花在彩色广告上的钱有多少？数十亿美元。不过，是否有些色彩组合真的比其他组合受到更多的人偏爱呢？让我们来看一看……

根据艺术家的说法，红、黄、蓝是三原色。很多人坚持认为，最好的色彩组合不能“跨越一种原色界限”。跟艺术家不同，心理学家认为存在 4 种主要颜色：红色、绿色、黄色和蓝色。他们主张，最好的色彩组合是那些使用互补颜色的。关于这方面的实验很少，因此到底哪种说法正确仍然没有定论，但是已经做过的一些研究确实显示其结果具有相似性。

丹尼尔・斯塔奇在一个实验中，向 32 名男性和 25 名女性（并邀请了 25 位艺术家担任观察者 / 裁判）出示各种配对的色彩，以确定哪个组合最受他们偏爱。实验证明，消费者偏爱明暗对比较弱、色度或饱和度（颜色的纯度）比较高的色彩。那些包括大片蓝色区域的色彩组合的等级很高，而包括大片橘黄色和黄色区域的组合则等级比较低。

消费者偏好	色彩组合
1（最受喜爱）	蓝色配黄色
2	蓝色配红色
3	红色配绿色
4	紫色配橘黄色
5（最不喜爱）	红色配橘黄色

在你的下一个广告、宣传册、传单、电子邮件或网站中，使用等级比较高的色彩组合会非常重要。那样你就可利用记录在案的研究，而不仅仅是让你的设计师选择他最喜欢的色彩。

最有效的纸、墨色彩组合

读者群研究证实，白色和黄色是最易于阅读的两种纸张色彩。为了给人留下最深刻的印象，可以使用黑色、深蓝色和红色油墨。最佳组合是什么？黄色纸张配黑色油墨。最差的呢？绿色纸张配红色油墨，这种在光学上互相排斥的组合实际上令人无法阅读——如果你是色盲，那就完全无法阅读。

色彩研究

斯塔奇调查公司的研究显示，色彩不仅吸引读者，而且还让他们沉浸其中。此外，色彩还会鼓励读者更加深入地阅读：

* 彩色广告比黑白色广告深入 60%。
* 彩色广告比双色广告深入 40%。

其实，色彩比广告的尺寸更能吸引人们的目光。因此，如果给广告加上颜色比登载更大的广告花费更少，那就选择彩色广告。实际上，研究显示，黑白广告和彩色广告的读者人数差异比单页和双页彩色广告之间的差异更大！

> 如果要强调的是最终收益，展现戏剧性的情境并吸引人们思考，那么黑白广告的效果是最好的。
>
> ——斯塔奇调查公司

秘诀 38

定价的心理学

19.98 美元和 20 美元之间有什么差别？我不是指那 2 美分。我的意思是，从心理学以及刺激和说服消费者的角度来说，它们的区别何在？

这是心理定价。你可以看到，从百货商店到餐馆和家具零售商，甚至珠宝商，对它的运用无所不在。沃尔玛以大量使用心理定价而闻名，他们最爱的最后两位阿拉伯数字是“97”。

奇偶数定价理论提出，以奇数结尾的价格如 77、95 和 99 暗示它们比下一个四舍五入的整数价格更有价值。9.77 美元似乎比 10.00 美元更合算。对一磅香蕉来说，64 美分似乎是一个合理的价格……可 70 美分呢？你一定是在开玩笑！但这不单单是节约几美分的问题。对于你我这样的广告人来说，这种看似简单的技巧能够产生戏剧性的效果。

相比之下，声望定价理论则认为，如果你想让消费者认为某种商品的质量更高，你在定价时就只能使用四舍五入后的整数。例如，1 000.00 美元的定价就暗示商品的质量比 999.95 美元的更高。原因不过是我们习惯于认为带小数点的价格暗示了价值。高消费商品零售商诺德斯特龙百货公司就使用声望定价，很多上等珠宝商和其他高端商品销售商也是如此。

带小数点的定价很可能比你意识到的还要普遍。研究者霍尔德肖、根达尔和加兰德发现，广告中大约 60% 的零售商品价格以“9”结束，30% 的以“5”结束，7% 的以“0”结束，而以其余 7 个数字结束的商品价格，其总数仅占他们所研究的全部商品的 3% 多一点儿。

可是，为什么这样做有效呢？心理学家指出：

1. 带小数点的价格暗示销售商计算出了尽可能最低的价格，因此会出现奇数数字。
2. 我们会忽视最后几位小数，而不是在大脑中将它们四舍五入。这么做允许我们在面对那些处于我们的经济承受力门槛上下的价格时证明购买是正确的选择。

辛德勒和凯巴里安利用 3 个版本的女装直邮广告测试了奇数定价的效果。除了价格分别以“00”“88”和“99”结束，这三份广告完全相同。哪一种胜出？价格以“99”结尾的广告带来的销量比“00”版的高出 8%，而价格以“88”结尾的广告产生的销量和“00”版的一样多。

2000年，罗格斯大学做了一项研究，让人们阅读一种女装的广告。研究显示，人们认为定价49.99美元的衣服比同一份广告上一件完全相同但价格为偶数50美元的衣服质量要差一些。

非常有趣的是，人们会为那些带有小数点的价格提出一些稀奇古怪的合理解释。例如，辛德勒发现，当消费者看到价格以“98”或“99”结尾时，更有可能相信那种商品最近没有涨价。（我永远无法理解人们是怎样仓促得出这个结论的。）

根据奎格利和诺塔兰托里奥的研究，研究对象看到一份广告上价格以“98”或“99”结尾的商品时，跟那些价格以“00”结尾的商品相比，更有可能相信前者是在做促销。

那么以“95”结束的价格呢？它们是否和“99”一样有效？研究表明，答案是否定的。同样，“49”“50”和“90”等结尾的也不会向消费者暗示价格比较低。不过，有证据显示，以“79”“88”和“98”结尾的价格确实能传达出物有所值的感觉。

心理定价并非抓阄一般随意的游戏，这是一个经过深入研究的主题，对你的价格底线来说意义重大。既然你已经阅读了消费者在这方面的想法以及各种研究推荐的定价策略，那么现在看一看你的商品定价是怎样的呢？

秘诀 39

色彩心理学

把监狱的墙壁刷成粉红色，同狱犯人的暴力就会减少。将婴儿放在一个黄色的房间里，小家伙就会开始哭。想压制你的食欲吗？试一试“蓝墙节食计划”。同样，红色的教室会让孩子们变得活跃，而蓝色的房间会让他们冷静下来。穿着粉红色制服的筹款志愿者会获得更多的捐款，灰绿色的医院走廊会让患者疲惫的神经感到放松。

色彩会对我们造成强烈的影响，包括我们对重量的感觉。例如，整天扛箱子真的很费力。因此，为了减轻雇员的痛苦，一名制造商将那些看起来很重的黑色箱子涂成了淡绿色。瞧啊！这就是在心理上“更轻的”箱子。一名食品制造商为了让自己生产的食物看起来更重，就把其包装改为更深的颜色。

别把这种现象跟时尚专家让人穿黑色衣服以获得“苗条”效果的建议混淆起来。黑色衣服能够隐藏“啤酒和果仁巧克力大肚腩”

形成的阴影，所以有助于让身体轮廓线变得更流畅。反过来，由于把身体轮廓作为没有特定兴趣点的唯一选择单位来呈现，因此投向单独的“问题区域”的注意力就更少了。健美者穿白色和淡色衬衣看起来更健壮，原因就在于此。所有那些阴影——它们很容易跟淡色布料形成对比——为他们的肌肉系统增加了深度。

这种“颜色更深显得更重”的错觉被称为“表观重量”（apparent weight）。这不过是选择合适的色彩来让你获得自己想要的体重感觉罢了。

心理学家沃登和弗林在《美国心理学杂志》上发表了一篇题为《颜色对表面大小和重量的影响》（*The Effect of Color on Apparent Size and Weight*）的文章。他们将 8 个盒子——全都是同样大小——放进一个玻璃陈列箱里，接着让人们随意地按照各种变化的顺序看每个盒子，然后要求他们按照自己认为的盒子轻重排列盒子。下面是从轻到重的排列结果：

盒子颜色	分数（分越越高＝分量越重）
白色	3.1
黄色	3.5
绿色	4.1
蓝色	4.7
紫色	4.8
灰色	4.8
红色	4.9
黑色	5.8

颜色甚至会影响味觉。澎泉思蓝宝集团的广告宣称其桶盖无糖沙士汽水是散装啤酒风格的醇厚沙士汽水。当包装专家本尼公司将这种无糖饮料罐上的背景颜色从蓝色改为淡棕色时，尽管配方并未改变，但是消费者说，它品尝起来更像以前装在灰白色大杯子里的美味老式沙士汽水。类似的，消费者还说，色彩更深的橘子汁饮料尝起来更甜。

如果跟其他产品牢固地联系起来，色彩也会产生混乱。例如，在饮料业内，可口可乐“拥有”红色。当本尼公司设计师将加拿大淡味啤酒公司的无糖姜汁啤酒罐颜色从红色改成绿白相间时，其销量提高了 25% 以上。以前的红色饮料罐让消费者想到“可乐”。

由于颜色不仅能吸引人的注意力，还会以专家都无法解释的方式改变人的感知，因此广告公司对于怎样在广告和包装中使用色彩高度敏感。既然我们现在了解了这些事实，那么你我也应该同样敏感。

一项针对 21 种语言的研究结果显示，表示基础色彩的词汇普遍按照以下顺序进入语言：

1. 黑色和白色；2. 红色；3. 绿色或黄色；4. 黄色或绿色；5. 蓝色；6. 棕色；7. 灰色、紫色、粉红色和橘黄色。

——柏林和凯

秘诀 40

用白色包围你的广告

这个技巧轻松、快捷，不需要花什么时间，但是研究却显示它很有效。这就是“包围在白色独立区域里”的力量。这是另一个由数十年实验揭示，却鲜为人知、少有人用的秘诀，它能够提升广告获得的反响。

购买更多的广告空间，但是不要用更多的文字和图片将它填满。假如你有一个 1/4 版面内容的广告，你要购买半个版面而非 1/4 个版面，把你最初 1/4 版面广告直接放到正中央，再用白色空间将你的广告包围起来。研究者波芬伯格和斯特朗所做的多重实验得出结论：一个周围都是白色的 1/4 版面广告，会比完全填满文本和图形的半版广告吸引更多注意力。波芬伯格的实验揭示了将广告包围在白色里面所带来的改善效果：

包围在白色独立区域所带来的关注度增加量

标准排版	四周白色
半版 =100%	半版 =176%
整版 =141%	未受影响

斯特朗建议，额外购买的广告空间不要超过广告本身所占区域的 60%。根据斯特朗的研究，“如果超过 60% 的空间被使用，那么由此增加的费用不会通过关注价值的相应增加而得到补偿。此外，在考虑成本的情况下，大约 20% 的额外空间被用作包围广告的白色区域会让效果增加到最大。”

秘诀 41

被人理解的广告才有成功的可能

试图为那些对广告一无所知，但是自以为是的人制作出卓有成效的广告，单是这一点就足以让你急得扯掉头发了。

一位佛教大师曾经说过，了解任何事物的最好方式就是首先将大脑中的先入之见清空，为存放新知识腾出空间。

现在，我邀请你听一听我跟一位网络设计师的谈话，谈的是我为他写的一个标题。我觉得，这是教给你这个技巧最有趣的方式了。

斯科特： 这个标题糟透了！“著名营销专家 24 小时内设计出精彩网页，只需 199 美元”创意不够。

德鲁： 同意。完全没有创意。

斯科特： 嗯，我们何不玩点儿文字游戏？来个双关语？或者来个意想不到的转折？

德鲁： 为什么要来个意想不到的转折？

斯科特：为了让它更费解。你知道，那样就有更多的人阅读它。比如说“只需 250 美元便可让你避免被粘在网上”。

德鲁：（强忍住笑）标题的目的不是为了“费解”，斯科特，而是为了产生效果。为创意而创意是浪费时间与金钱，而且完全误解了创作标题的原则。创造出给朋友和家人（而非你的潜在顾客）留下深刻印象的“机灵”标题虽然令人兴奋，但是如果你被这种兴奋所诱惑，那就大错特错了！此外，那个“粘在网上”的标题也很荒谬！它没告诉读者你出售的是什么东西！由于看广告的人有 60% 都只看标题，这样你就会失去至少 60% 的读者。

斯科特：我不这么认为。很多大公司都创造出了非常费解的标题，并且一直因此而获奖。你看过“超级碗”赛季中的电视广告吗？它们都非常有创意。

德鲁：（叹息）你说得对。他们确实获奖了。而且“超级碗”赛季的电视广告也的确很有创意。但是“创意”并不意味着“效果好”。如果你创作的标题包含了所有能成为潜在获胜者的元素，为什么要企图通过让它变得机灵而说一些废话呢？

斯科特：为什么不先把它弄得很机灵，然后再让它变得效果好——那样你就可以一举两得了。“粘在网上”的标题可以激发起人们的好奇心，让他们阅读更多信息。

德鲁：可是，对于那些不够好奇，且除了标题不再继续阅读的人，这样的广告标题有什么作用呢？

斯科特：那他们就不是潜在顾客。

德鲁：不对！他们很有可能是潜在顾客，但是因为他们搞不清楚你出售的是什么，也就懒得继续阅读了。你一下子就失去了他们！

斯科特：嗯，好吧……

德鲁：广告的目的不是娱乐！你或许会从中获得娱乐，但那不是它的目标。它也不是创意大赛。制作广告可不是为了把它挂在巴黎卢浮宫的墙上展出。它也不是诗歌、喜剧或让人猜出谜底的谜语。广告跟依靠费解、古怪或精巧去获奖无关。广告应该简单朴素，跟出售产品和服务有关。这是一种以增加销量为目的的商业交流。它让人对产品或服务产生足够的兴趣，并最终拿钱去换取它们。

斯科特：但是这并不意味着它必须枯燥乏味！

德鲁：我提到任何有关枯燥乏味的话了吗？它应该一直都很有趣！但是为了抓住潜在顾客的注意力，并不一定要机灵或费解才行。你写广告文案来吸引那些不购买你产品的人，可不是为了感谢他们阅读你的广告！而且那些对你提供的东西感兴趣的人也不需要娱乐才会购买。他们需要好处，需要事实和报价，并且确认你会信守自己的诺言。

斯科特：我仍然觉得我们能够做得更好，而不是简单地陈述我们在出售什么。

德鲁：再读一遍那个标题，斯科特。它可远不止陈述你在出售什么。它有冲击力，它说你会在 24 小时内交货，利用了人们即刻获得满足的需要；它直率地陈述你是专家，因此也利用了你作为专家的可靠性；这会吸引那些期望省钱的人；它很具体，它提出了报价；它清楚明了，不要求读者去揣摩它是什么意思；而且它很快讲明白了你的要点。你觉得它会吸引谁？

斯科特：（沉默）

德鲁：它会吸引那些需要网页的人，那些想让专家来设计，并且需要很快制作出网页的人，那些不想花上一大笔钱的人。也就是你的顾客！

斯科特：好吧，我想我们可以试试。

德鲁：完全正确。试试吧。广告必须要经过验证才能有把握。既然你那么喜欢“粘在网上”的想法，或许你也可以投几千美元在这上头，看一看你是否会从那些浏览这个标题的人那里获得回应。

斯科特：很有意思啊。

德鲁：你以为我在说笑吗？

要点：在广告中表现出机灵可不是明智之举。

假设你有 1 000 000 美元的资金被你那家小公司套牢了，突然之间，你的广告不再管用，销售额正在下降。而你的一切都要依靠广告。你的未来要依靠它，你家人的未来要依靠它，员工也要依靠它。现在，你想从我这里得到什么？是华丽的广告词？还是停止下降、开始上扬的销售曲线？

——罗塞·里夫斯

特德·贝茨广告公司首席执行官

“独特卖点（USP）”概念创造者

第四章

热榜：
101 种提高广告回应率的方法

总结 1

促进顾客做出回应的 22 种方法

1. 忘掉风格——而要记住销售!

2. 大叫“免费信息!”

3. 撰写短句,让读者一直看下去。

4. 使用短小、简单的词语。

5. 编写长长的广告文案。

6. 裁剪有度,删掉那些含糊其词的话!

7. 通过列举一大堆好处来激起人们的欲望。

8. 展示自己出售的东西——带有动作的照片最好。

9. 采用针对个人的措辞来套近乎!要说:你、你、你。

10. 利用副标题分解长长的广告文案。

11. 把销售标题放置在照片下面。

12. 选择极具视觉冲击力的形容词来创造出精神电影。

13. 推销你自己的产品,而非竞争对手的产品。

14. 不要有所保留，使出浑身解数去说服潜在顾客！

15. 始终在广告中包含对产品的各种推荐！

16. 为顾客采取行动提供最便利的条件。

17. 放入一份回应优惠券以鼓励顾客行动。

18. 设定最后期限以打破惰性。

19. 提供免费礼物以刺激人们尽快回复。

20. 说出“现在订货！”这几个字。

21. 提供免费送货。

22. 用“开账单”或信用卡选项将回应率提高 50% 或更多。

总结 2

传播产品价值的 9 种方式

1. 大吼一声“大减价！”
2. 给顾客一份优惠券。
3. 降低价格：“不到每天一杯咖啡的价钱。”
4. 解释为何价格低廉：“我们老板订得太多！”
5. 提供分期付款：“只需每天 1.25 美元。”
6. 提升价值：说明它有多大的价值，而不仅仅是它要花多少钱。
7. 指出其他人支付了多少钱。
8. 利用最后期限制造稀缺感。
9. 采用心理定价。

总结 3

让购买变得轻松的 13 种办法

1. 给出你的通信地址、电子邮箱和网址。

2. 给出你的电话号码。

3. 提供行车路线和停车建议。

4. 说一句“订购很简单”。

5. 接受电话预订。

6. 接受邮件预订。

7. 接受网上预订。

8. 接受传真预订。

9. 接受信用卡付款。

10. 接受个人支票。

11. 申请一个免费电话号码。

12. 提供长时间的质保——要比你的竞争对手更长。

13. 针对售价超过 15 美元的产品提供分期付款（3 次轻松付完全款，每次只需 10.99 美元），事实证明它可以将回应率提高 15%。

总结 4

提高优惠券兑换率的 11 种方法

1. 通过广告标题或副标题来告诉他们去兑换优惠券。

2. 说“买一送一！”而非“打 5 折”。

3. 在广告顶端打出巨大的“免费”俩字。

4. 说明优惠券会带来什么；在优惠券上面再说明一遍。

5. 利用一张小照片或绘制的插图展示可用优惠券兑换的东西。

6. 使用粗体的优惠券边框。

7. 设定一个严格（固定日期）或弹性（前 100 名顾客……）的最后期限。

8. 提供勾选方框来鼓励人们参与。

9. 在顶端注明“超值优惠券”几个字。

10. 为备注事项留下足够的空间。

11. 用粗箭头指向优惠券。

总结 5

成功广告的 46 个元素

下面介绍一个轻松快捷的方式，帮助你确认自己的广告中包含了多少个成功广告的元素。在所有跟你的广告相符的描述前打钩，选得越多，证明广告就越好。

标题

【 】它突出了你的产品的最大好处吗？（这是头号重要原则。）

【 】它真的能吸引人们的眼球吗？它会诱发情感反应吗？

【 】它使用了本书第三章介绍的 22 种具有心理效力的标题开头中的一种或几种吗？

【 】它比你的广告文案正文大很多吗，而且使用了黑体印刷？

【 】它具有足够强大的吸引力让人们去阅读广告文案的正文吗？

【 】它提出了某种报价吗？

【 】它显得权威而非软弱无力吗？

【 】标题采用的是首字母大写（即每个单词的第一个字母大写）吗？只有当你的标题很短大约只有四五个单词时，才可将全部字母大写。

【 】它是放在引号里的吗？这会将阅读人数提高 25%。

广告文案正文：第一个句子

【 】你使用第三章介绍的 12 种正文开头中的某一种吗？

【 】从标题到正文的过渡流畅吗？

【 】它直截了当地提出了产品对读者有什么好处吗？（而不是夸耀你的公司。）

【 】它吸引了人们情不自禁地阅读第二句吗？

【 】“你”出现在了头几个词里吗？

广告文案正文：一般原则

【 】它关注的核心是读者能够从产品或服务中获得的好处吗？

【 】它告诉了读者为什么他们应该从你这里而非某个提供相同产品或服务的竞争对手那里购买吗？

【 】如果你的产品或服务令人兴奋，那你的广告听起来也能让人兴奋吗？

【 】它是以合乎逻辑的方式有条不紊地展开的吗？

1. 吸引注意力。

2. 刺激兴趣。

3. 培养欲望。

4. 提供证据。

5. 要求顾客行动起来。

【 】你打算每次只出售一种产品吗？（这样做是最好的。然而，有些行业，如熟食店和家具店，就能一次出售更多的产品。它们更类似于目录广告："这些就是我们的全部产品。"）

【 】你使用了吸引人的小标题分解长长的广告文案以使之更容易阅读吗？

【 】广告文案丰富多彩且在合适的地方点缀了具有感染力的视觉形容词吗？

【 】它里面的话可信吗？（不要言过其实或荒谬可笑。）

【 】它尊重读者，不会侮辱其智商吗？

【 】它充满感情吗？它能激发读者的情感（正面或负面）吗？

【 】你运用了"极端具体"的原则吗？

【 】你的词语、句子和段落都很短吗？使用的词语简单吗？

【 】你的平面广告、推销函、宣传册等设为衬线字体了吗？你的网络广告文字是设为无衬线字体的吗？

【 】你告诉读者你希望他们怎么做了吗？

1. 剪下这张优惠券。

2. 在 8 月 21 日前把它带到我们商店。

3. 节省 50% 的钱。

【 】你是直截了当地向顾客叫卖吗？

【 】如果合适的话（大多数时候都合适），你设定最后期限了吗？

【 】如果你有大量好处可以提供给顾客，你是用粗体圆点或数字把它们列举出来的吗？

【 】你使用推荐词了吗？如果没有，那就加上。

【 】你的企业名称和电话号码字体都很大并且能立刻引起人们的注意吗？

【 】你使用自己的企业标志了吗？（任何时候都要使用它，人们越是经常看到它，你就越能积累自己的品牌资产。）

【 】你给出到公司的驾车指南、地图或地标了吗？（这可能比你想象的更有必要性。）

排版与设计

【 】你的广告是专业设计师（而非排版人员）制作的吗？

【 】你的标题字号大且使用粗体了吗？

【 】标题是在恰当的地方断为多行的吗？例如：

错误的方式：

现在你可以扔

掉你的眼镜并

重新享受双眼都正常的视力了！

正确的方式：

现在你可以扔掉

你的眼镜并重新享受

双眼都正常的视力了！

【 】你的广告易于阅读吗？它是否存在焦点？（让眼睛自然地先受到某个区域的吸引，而不是漫无目标地乱看。）

【 】是否有足够的空白？你用白色区域将广告包围起来了吗？

【 】段首缩进了吗？这会更易于阅读。

【 】你使用与销售信息相关的美术品（照片或绘制的插图）了吗？

【 】你把所用字体的数量降到最低限度了吗？（1 ~ 2 种字体即可，最多 3 种！除非专业设计师推荐在特殊条件下使用 3 种以上。）

【 】你突出一张眼睛直视读者的人物照片了吗？（要抓住人们的注意力，这是最有效的方法之一。）

结语

不管你是否意识到，你现在都比你的大多数竞争对手更了解如何制作出卓有成效的广告了。想证明这一点？你可以问一问他们是否知道我们在本书中讨论的任意一个观点。你得到的回应有可能是错误的答案和空洞的白眼。那是因为你的大多数竞争对手都忙于管理自己的业务，却没时间停下来学习如何让生意更成功。然而你现在正在学习，祝贺你！实际上，我在本书中跟你分享的那些小贴士、窍门、技巧和鲜为人知的原则，都跟你花大价钱聘请的营销咨询或广告公司使用的相同。你没理由不使用它们并收获由此带来的回报。

> 我们压根儿就不了解任何事情。
>
> ——托马斯·A.爱迪生

我 23 年的广告从业经验教会我很多东西，但是直到二战之后，消费心理学作为一个研究领域才得到承认。尽管此前几十年就有人做过广告心理学方面的实验，其中大多数发现至今仍然有效，但是广告心理学仍有更多的东西需要我们去探索和了解。对人脑的研究就跟人脑本身一样，是无止境的。

别犯错误：市场始终是检验我们工作的最终裁判。尽管我们遵循所有的规则，但是即使竭尽全力，也可能遭到彻底失败。不过，如果你用本书中的信息武装自己，并且把它们付诸实践的话，那么成功的概率就会大大增加。

但是别让你的学习止于本书！好好研究一下广告。阅读我在推荐书目中强调的经典作品。我不在乎你是否每天只看一页。通过使用那些来自广告界大师的伟大经验来为自己提供强劲的动力。记住这些信息，你就能让自己的方法精益求精，增加成功的概率。那就是我采用的做法，你也同样可以做到，甚至做得更好。

记住：不管你出售什么，在哪里出售，也不论时势艰难与否，效果卓著的广告都是让你的生意保持运转的发动机。

罗马哲学家卢修斯·阿纳尤斯·塞内卡曾说过："如果我获得智慧的前提是把它据为己有、密不外传，那么我就应该拒绝。独占任何东西都是没有乐趣可言的。"

我很感激你阅读本书时所表达出来的欣赏。我真诚地希望自己在哪怕最微不足道的方面能对你有所帮助。这样，我付出的努力才有价值。

尽管我可能不会认识你，或者，也许我们曾在我的 CA$HVERTISING 研习班上见过面或一起做过生意——但是我希望，通过这些印刷出来的文字给你带来改变，我们能成为朋友。如果我能以任何方式帮到你，请随时发邮件到 Drew@Cashvertising.com 联系我。如果我在本书中跟你分享的这些点子能够给你带来帮助，我将非常高兴。

祝你健康、幸福和富有！

德鲁·埃里克·惠特曼

2008 年 9 月

附录

推荐书目

你不需要读几百本有关广告的书——只需阅读其中最好的即可。我为你整理这份书单的原因就在于此。这些都是经典之作，呈现了广告业几百年来的经验，是这个行业很多大人物总结出来的。只需几个星期的愉快阅读，它们就全部属于你。说到通往成功的捷径，你不会在这里找到没有价值的东西，因为在我精挑细选的这些书里都是那种立刻就能用于实践的信息。那么，就从你最感兴趣的书开始，好好钻研吧。

关于广告文案撰写、做广告和营销

《我的广告生涯·科学的广告》(*My Life in Advertising and Scientific Advertising*)，克劳德·霍普金斯著，麦格劳·希尔集团出版(1966)

这是一位广告业开创者的经典之作。克劳德·霍普金斯被视为广告史上最伟大的广告文案创作者之一。他是“原因所在”风格广告文案(告诉人们为什么要买你的产品)撰写的先驱。该书充满了很多珍贵的故事、幽默的笑话和各种能让你立即用于自己广告的经验。

《广告创意》(*Advertising Ideas*)，约翰·卡普尔斯著，麦格劳·希尔集团出版（1938）

这是收集了众多老杂志广告的超级著作。卡普尔斯研究了每一份广告，并且指出它们获得成功的原因。这些广告都过时了，但是其中的经验到今天也同样宝贵（人类基本的八大原力并没有改变）。

《增加19倍销售的广告创意法》(*Tested Advertising Methods*)，约翰·卡普尔斯著，普伦蒂斯·霍尔公司出版（1998）

卡普尔斯的又一部优秀著作，必读精品。

《制作赚钱的广告》(*Making Ads Pay*)，约翰·卡普尔斯著，多佛出版公司出版（1957）

《奥格威谈广告》(*Ogilvy Advertising*)，大卫·奥格威著，年代出版社出版（1985）

钻进广告业内最受崇拜的传奇人物之一的脑子里去，那将会是什么感觉？阅读该书或许是最接近那种感觉的了。当你读完之后，关于这个行业怎样运作以及怎样就会无法运作，你的观点将发生戏剧性的改变。我在本书中经常引用来自该书的文字，因为我在过去23年里教授的一切，都与他对待广告的那种毫不吹牛的方法产生了强烈的共鸣。

《如何写出好广告》(*How to Write a Good Advertisement*)，维克多·O. 施瓦布著，威尔希尔图书公司出版（1985）

这本井然有序的小书是一个超级浓缩版，列出了制作卓有成效的广告所需的关键因素。它读起来很轻松，而且内容充实。你能够在一个小时内读完全书。

《小广告不小》(*Small-Space Advertising for Large and Small Advertising*),《油墨》编，芬克 & 瓦格诺公司出版（1948）

这本了不起的书是由广告杂志先驱《油墨》编辑而成的。里面包含有关撰写和设计小幅广告的海量信息。跟卡普尔斯的著作类似，这本书也过时了；然而，即使经过漫长的时间，人们本质上仍然跟从前一样，明白这一点也很重要。该书中充满了各种实用的小贴士和建议。

《突破性广告》(*Breakthrough Advertising*)，尤金·施瓦茨著，经典董事会出版公司出版（1984）

这本书由一位直邮广告魔术师撰写，一直是我的最爱。它探讨了广告心理学以及你的产品和服务获得消费者认同的各个阶段。它有很多内容涉及标题撰写、如何让广告文案充满热情，以及一些我见过的最强效的直邮广告。

《罗伯特·科利尔推销函》(*The Robert Collier Letter Book*), 罗伯特·科利尔著，普伦蒂斯·霍尔贸易集团出版（2000）

这是我的另一本最爱。这本迷人的书聚焦于推销函撰写，教你如何写出打动潜在顾客的广告文案。它完全是一个埋藏着精彩例子的金矿，被视为广告业的一本经典之作。千万别错过它！

《最佳广告一百例》(*The 100 Greatest Advertisements*)，朱利安·L. 沃特金斯著，多佛出版公司出版（1959）

正如标题所言，里面的广告杰作令人目不暇接。你能弄清它们精彩在何处吗？阅读该书简直就是一次回顾往昔的愉快旅行，而且是一次超级棒的学习体验！

《广告用词宝典》(*Words That Sell*)，理查德·巴彦著，麦格劳·希尔集团出版（2006），修订扩展版

这本顶级畅销书的新版本比最初版本更大也更好，它实际上是那位大人物、那位才华横溢（且妙趣横生）的作者所写的一本广告撰稿人的宝典。里面收集了 6 000 多个高性能的单词、短语和广告词。巧妙的分类交叉引用可启发你的创造性思维。不管你是广告业新人还是老手，它都不可或缺！

《广告用词宝典续》(*More Words That Sell*)，理查德·巴彦著，麦格劳·希尔集团出版（2003）

这本受人欢迎的续集收集了 3 500 个具有启发性的高效能单词、

短语和广告词，按照种类和目的排列，方便查阅。例如，书中列出了诸如“强效单词”“声音”“技术”和“青少年市场”这样的种类，可帮助你将自己的方法瞄准一些特殊的产品和服务，使用表示情感、理智和动作的动词等，对你的广告文案进行微调，以达到理想的效果。不管你出售什么，这都是你开始撰写广告文案的一种好方法。

《定位：争夺用户心智的战争》（*Positioning: The Battle for Your Mind*），艾·里斯和杰克·特劳特著，麦格劳·希尔集团出版（2000）

这是一本很重要的书，它告诉你如何在市场上构筑你的生意/公司，以便让消费者把你们当作与众不同且层次更高的企业来接受。它教你如何选择最佳产品名称，如何利用竞争对手的弱点制定策略等。

《广告文案撰写手册》（*The Copywriter's Handbook*），罗伯特·W. 布莱著，霍尔特平装书出版社出版（2006）

对于任何撰写或批准广告文案的人来说，这都是一本无价的经典指南。布莱展示了如何为广告、宣传册、推销函、杂志、报纸、电视、广播、电子邮件和多媒体撰写吸引人的广告文案标题和正文。甚至传奇人物大卫·奥格威也推荐它——事实上对它高度赞扬。

关于创意

《广告创意系统方法》(*Systematic Approach to Advertising Creativity*)，史蒂芬·贝克著，麦格劳·希尔集团出版(1979)

这本书让我爱不释卷。里面有海量的例子、小贴士和有关广告的趣事!

《当头棒喝：如何让你更有创意》(*A Whack on the Side of the Head*)，罗杰·冯·厄奇著，大商务出版社出版(1998)

如果你想变得更有创意，那么这本(以及下一本)书都是很好的起点。它通俗易懂，且充满了有趣的插图。

《背后踢一脚：肠枯思竭后的创意思考法》(*A Kick in the Seat of the Pants*)，罗杰·冯·厄奇著，哈珀平装书出版社出版(1986)

关于排版和设计

《如何设计令人印象深刻的商店广告》(*How to Design Effective Store Advertising*)，M.L. 罗森布鲁姆著，(美国)全国零售商联合会出版(1961)

该书揭开了广告设计的神秘面纱，告诉你如何以及怎样设计。(可能比较难找。)

《出版物设计基础》(*Looking Good in Print*)，罗杰·C. 帕克著，科里奥利集团图书公司出版（1998）

对于任何想学习美术设计基础的人来说，这本书都是无价之宝。里面充满了丰富的内容，而且超级简单易懂。强烈推荐！

为什么说《吸金广告》这本书跟所有人都相关呢?

大家有没有觉得现在进入了一个“人人都可以做销售”的时代?

有一天，我去万科收房，万科的物业说:“业主来了，来，麻烦您扫一个二维码。”我扫完二维码后一看，是一段文案:“恭喜您，您现在已经是万科的销售了。”连万科都已经做到把所有的客户都变成销售——只要我们推荐的人买了万科的房子，我们就有佣金的提成。而我们的成交率可能比真正的销售人员还高，因为我们进行推荐，身边人就会更容易相信，可见，基于人际关系的营销将成为未来的一个发展方向。

所以，要在这个销售的过程中抢到一席之地，文案是不是就特别重要?因为在销售的过程里，文字和图是最重要的东西，而文字又是最能打动人心的东西。《吸金广告》这本书就是告诉我们怎样写出最赚钱的广告文案。

有些广告就是容易吸引人，有些广告就是对人没有作用，所以规律到底在哪儿呢?我们来研究一下。

首先要搞清楚的是人们到底想要什么?所有广告的目的都是撩

动人们的欲望。所以作者在开篇告诉我们，人有八大生命原力，这八大生命原力是最容易产生销售的点。

第一种生命原力叫作生存，也就是享受生活、延长寿命的动力。如果你的宣传跟延长寿命有关，那么很容易起作用。第二种生命原力叫作享受食物和饮料。宣传好吃的食物时，看到饼一下子弹起来、芝士拉得很长，你就会特别想购买。第三种生命原力叫作免于恐惧、痛苦和危险。人们都不愿意接触恐惧、痛苦和危险。第四种生命原力是寻求伴侣，比如文案说让你获得男人的魅力，让你感觉喷了这个香水就变得不得了了，就会吸引人购买。第五种生命原力叫作追求舒适的生活条件，让你更舒服。第六种生命原力是与人攀比，因为人们总是会想“他有了我也应该有，更多人有了那我更应该有”。第七种生命原力叫作照顾和保护自己所爱的人，这也是一种欲望。第八种生命原力是获得社会认同。

有人会说我需要的生命原力好像不止这八个，这八个虽然都挺重要的，但是好像还有更多的欲望，要不然怎么有那么多商品呢？这就衍生出后天习得的次要需求，指的是在你后天慢慢成长的过程当中不断学会的一些次要需求，没有那八个那么重要。

那么次要需求包括什么呢？第一种是获取信息的需求。第二种是满足好奇心的需求。第三种是保持身体和周围环境清洁的需求，比如清洁剂。第四种是追求效率的需求。第五种是对便捷的需求。第六种是对可靠性，也就是质量的需求。同样一个东西，我能够做得更好，这就是对质量的需求。第七种是表达美与风格的需求。第八种是追求利润的需求，也就是挣钱。第九种是对物美价廉商品的需求。所以，基本上所有的广告文案你都要考虑是否能够针对这十七项基本的欲望进行撰写。

具体怎样才能针对这些欲望撰写广告文案呢？作者给出了十七个简单直白的文案原则。我挑了几个具有代表性的分享给大家。

第一个文案原则叫作利用恐惧心理赚钱。比如一个给宠物做美容的医院的广告，它会说什么呢？它说你的小狗有可能成为可怕的动物美容套锁的下一个受害者。这种装置本来是在剪毛时将那些毛茸茸的小家伙固定到桌子上的东西，但是有时候它会成为刽子手害死小狗。如果小狗踏错一步，就会扭断自己的脖子。解决办法就是致电 ××× 动物美容院，美容师会满怀爱心地给你的小狗梳洗打扮，绝不会使用危险的机械装置，比如动物美容套锁。不养狗的人可能没有感觉，但如果你是一个特别爱狗的人，你要经常给小狗做这种美容，你看到这个东西会不会心动？你会不会觉得我应该注意这件事，因为小狗会有生命危险？这个就是利用恐惧心理赚钱。

人们看到恐惧的东西就容易产生行动，因为人们有追求安全的欲望。所以什么东西能够带来恐惧？你会怕吃到不安全的食物，怕不懂行被宰，怕空气污染，怕孩子成绩差。不过，仅仅造成恐惧是不行的，你必须在文案中满足四个条件，这个文案才能够真正赚钱。第一，你要把人吓得失魂落魄，让他真的觉得这件事太吓人了，比如雾霾刚出现时人们都很恐惧。第二，你要为战胜这种威胁提供具体的建议，比如为了应对雾霾现在就生产口罩。第三，对方认为你推荐的行为能够有效地降低威胁，比如现在生产的口罩有过滤的功能。第四，信息的接收者相信自己能够实施广告推荐的行为。好了，只要你打电话，我这个口罩就能送货上门。

你看，这一连串行动下来，就可以借助雾霾的威胁帮助你多卖很多口罩，所以人们对于恐惧的事是特别关注的。想想看你在做什么生意？如果你生产有机食品，那么你可以告诉大家，这个食品的农药残留到底会给身体造成什么样的伤害，现在只需要拨打一个电话，就可以让家人远离这些伤害。如果你是旅游行业的，那么你可以告诉大家，遇到黑导游或是不专业的旅游公司会造成哪些伤害，现在你只需要拨打一个电话或者下载一个应用程序，我们就能帮你解决这些问题。这一招就叫作利用恐惧心理赚钱，不知道你学会了没有？

第二个文案原则叫作激发自我认同意识。什么意思呢？你有没有发现奢侈品广告几乎没有什么文案？永远是一个美女或者帅哥拎着包，穿着衣服，然后摆个姿势。为什么呢？因为它的广告原则就是让看广告的人觉得“我应该成为那样的人”，这就叫激发自我认同意识。

有一个团队上《给你一个亿》这个节目寻求融资，他们发明了一个东西，叫作“淘宝试衣机”。这些理工男认为，淘宝售卖的衣服总是找些俊男美女进行展示，这其实是不对的。因为很多人的身材根本没有模特那么好，模特穿得很漂亮，自己穿得却很难看，怎么办呢？他们就发明了一个机器，这个机器的胸部、肚子乃至整个身体都可以动。把衣服穿在机器身上，再输入自己的身体数据，机器就会像变形金刚一样动起来。这时再拍一张衣服的照片，就仿佛买家真实地穿在身上。

发明者认为淘宝会越来越厉害，商家也会越来越多，他们可以把这个机器以几万块钱一个的价格卖给这些商家，从而赚得盆满钵满。结果现场的投资人没有一个人心动。为什么呢？投资人解释说："没有一个人，看到丑丑的自己穿了一件衣服，会动心去买的。"所有人买衣服都是因为看模特穿得好看，就想买回家自己穿。大家应该都见过网上各种买家秀，那种买回来惨不忍睹的照片特别多。所以，想想你的产品能不能给消费者带来身份认同？把你的目标客户给打造出来，这就是第二招。

第三个文案原则叫作信用转移。获得信任是特别难的一件事。你说自己做得很好、很认真，但是大家不相信你，怎么办呢？这时你需要让对方知道，有一些组织愿意给你做背书，从而把他们的信用转移到你的身上。

第四个文案原则叫作从众效应。人类是社会性动物，有寻求归属感的需求。当人们知道更多的人都在用这个东西的时候，他会倾向于不加选择地购买，因为他觉得这样总没有错。很多人卖衣服时也会说，这件衣服卖得特别好。当然，这对有的人来说是无效的，但是事实上对大多数人还是有效的，因为很多人就喜欢买大多数人都选择的东西。

假如我告诉大家，帆书（原"樊登读书"）的课程是所有资产配置在一千万以上的家庭的首选，这就可能引发从众购买的行为。当然，我们是有教无类的态度，学不学都可以。但是如果是一个高端的产品，比如一个净水机、一个空气净化器、一款有机食品，你就可以说，资产在一千万以上的家庭都会选择这样的产品，或者 80% 的家庭都会选择这个产品，这就是利用人们的从众心理进行营销。

第五个文案原则叫作核心价值最重要。什么叫核心价值？有一句非常经典的营销名言："客户买的不是种子而是草坪"。看起来你卖的是种子，但是对于客户来讲，他想要的是草坪。所以他的核心诉求不是这个种子多么好，而是明年这个草坪能够长成什么样，这个才是核心价值。

有一次我跟小尾羊的一位高管聊天，那时刚好结束了一个营销会议。这位高管就问我："樊老师，我看你讲营销讲得还可以，你帮我看看为什么我们这个肉片卖不动？"

小尾羊当时在跟小肥羊竞争，小肥羊是该领域的品牌第一，小尾羊则名列前三。但是小尾羊在超市里铺陈的肉卷、肉丸等商品远没有小肥羊卖得多。我看了一下小尾羊的包装，然后笑了。小尾羊的包装正面和背面都是透明的塑料，能够看到里边的肉丸。包装袋上的图案是一个盘子，里边放着很多冰冻肉丸。也就是说，顾客第一眼看到的就是这些冰冻肉丸。

我就问他："顾客为什么要买一个冰冻的肉丸吃？这些冰冻的肉丸对人有什么好处？它会吸引人流口水吗？"

他说："那当然不会。"

我分析道："那肉丸是干什么用的？肉丸是为了在家里涮火锅吃的。那为什么外头有火锅，你不在外头吃，要在家里涮火锅呢？你的核心诉求是什么？对，你会发现核心诉求是在家里吃火锅的感觉，你应该把那种在家里吃火锅的感觉调动出来。然后人们才能意识到——‘这个包装提醒我了，咱们要不要把朋友叫过来，在家里涮火锅？’所以包装袋上的那幅图就应该是一家人围在一起夹肉丸吃火锅的感觉。因为人们看到肉丸是不会流口水的，尤其是冰冻的肉丸，就更难勾起他们的食欲了。”

大卫·奥格威说过一句话：食物最好的广告方式是它的特写，要漂亮。想一想，必胜客的广告是怎么做的？必胜客的广告从来没有把生的原料展示给顾客看，永远都是一群人开心聚会的样子，呈现出一种欢聚一堂的感觉。这种氛围才是顾客想要的东西，可见核心价值特别重要。

如果你要说服一名房产经纪人买一辆奔驰，对方说太贵了买不起时，你要告诉他：“作为一名房产经纪人，当你开着这辆奔驰去跟别人谈业务，他们看到后就会想，他都开上奔驰了，那么他一定很成功，他们就会更愿意跟你合作。这才是你买这辆奔驰的核心价值，而不仅仅是像其他人说的那样开着舒服就好。”因此，寻找顾客买这个商品的核心价值才是最重要的。

帆书有很多会员，他们的核心价值是什么呢？一位爸爸跟我讲，他女儿嘲笑他不读书，说：“你根本就不读书，干吗整天要求我读书。”于是他就加入了帆书，经常跟他女儿分享，今天读了一本书，这本书的核心内容是什么。就这样，女儿渐渐发现爸爸其实很棒。当我们把父女之间这种对话的场景作为一个消费场景时，就给了顾客核心价值。

还有一位妈妈说，她每天早上跟孩子一起洗漱的时候，会放我的录音听。这样相当于两个人一起学习一本书。孩子觉得这样很好，既不耽误洗漱，还能学到东西。妈妈也觉得不错，不仅可以利用洗漱的时间学到东西，还能跟孩子聊天，共同进步。这就是帆书给会员的核心价值，让整个家庭能够不断地进步，不断地减少矛盾。因为每个人在学习的时候会变得智慧，而智慧会让矛盾减少。

第六个文案原则叫作循序渐进地说服你的顾客。你得了解一个顾客是怎么从陌生人变成消费者的。顾客对于产品的认知通常分为五个阶段，第一个阶段叫空白期，他不知道你的产品或者没有意识到他的需要。第二个阶段叫观望期，他知道了产品，考虑使用，但还没有买。第三个阶段叫准备期，他需要进一步了解这个产品的好处。第四个阶段叫行动期，他购买了。最后一个阶段叫维持期，他开始留恋你的产品。循序渐进的技巧是为了每次将客户向前推进一个阶段。

有时顾客可能同时存在于这五个阶段中，这时你需要识别目前最需要争取的是哪部分人，针对他们给出相应的广告，推动他们向下一个阶段发展。比如鼓励他们进行电话咨询、到店体验、尝试下单或续订服务。你看，这就是逐步引导顾客向前。你要针对客户需要做出相应的广告，这就是第六个文案原则。

第七个文案原则叫作给顾客打预防针。这一招百试百灵。比如你经营一个维修汽车的4S店，你想让顾客知道你们店的技术更好，那你就应该这样说："我们的竞争对手会告诉你，修理挡泥板上的小凹痕需要1000美元，只是因为挡风玻璃上有个小缺口，他们就会让你更换玻璃。他们不会告诉你的是，我们这个行业有很多内部秘密，只需要花很少的钱就能够修好这些小毛病，比如……"这种手法就是给客户打预防针。你要让客户感觉，原来这里面真的有很多猫腻，但是你能解决。要把客户可能会质疑的东西先告诉他，比如你是一家比萨店的老板，那你就要和顾客说："我们的竞争对手会告诉你，他们用的是新鲜的白干酪，但是他们没有告诉你的是，这些白干酪是预先打碎装在塑料袋里的，我们则是每天早上都手工粉碎白干酪。"

你看，这种广告会创造出更多挑剔的消费者，他们会偏爱你的产品。这种手法有一个技巧，就是你的攻击必须无力，否则会适得其反。如果因为你的攻击，整个行业都被推翻了，那这件事就麻烦了。预防针的目的是激发对方心中对这件事的疑惑，从而选择你的产品，让他觉得"我得小心一点，谨慎一点，我得挑出没有问题的产品。既然商家都这么说了，那应该就不会出现这个问题了"。这就是"花言巧语"的具体表现，是非常有效的一种手法。

第十个文案原则叫作影响力的六大武器。通过使用攀比、喜好、权威、互惠、承诺 / 一致性、稀缺这 6 种"影响力诱因"说服人们购买。

这里我着重讲下"一致性"的原理和运用，剩下 5 个武器大家可以去书中了解。

人们都喜欢在别人面前表现出一个稳定的人格，我在你面前是这样的人，那我就一直是这样的人。这其实就是保持一致性。

那么如何应用呢？举个例子，我要在你家的草坪上插一个公益广告牌，内容是反对酒后驾驶，80% 的人都不会同意，因为草坪是很贵的，如果搞坏了需要花钱补救，没有人愿意出这个钱。

那活动发起人是怎么做的呢？第一周，他们先挨家挨户地做访谈，说：“我们要发起一个抵制酒后驾驶的活动，您作为社区的成员，愿不愿意签名支持这个活动呢？”大家一听只是签个名而已，当然没问题，活动发起人收到签名就道谢离开了。第二周，活动发起人又来了，说：“上次那个签名效果很好，现在我们希望把这个活动再深入，想征用您家的窗户角，在上面贴一个小贴纸，内容是反对酒后驾驶，您愿意吗？”大家想了想觉得这个没什么，上次都已经签名支持过了，就说：“那行吧，贴吧。”第三周，活动发起人再来的时候就说：“咱们这个活动真的引起很大反响，你看很多新闻都报道了，现在我们需要征集一些草坪，插一个牌子，牌子内容是反对酒后驾驶，您愿意吗？”不出所料，80% 以上的人都同意了。为什么呢？因为在前两次的探求中，他已经生成了“自己是一个公益人士”的认知，他认为自己是一个反对酒后驾驶的人。而他在别人面前表现出了这种姿态，为了保持一致性，他会倾向于继续下去。

这就是为什么生活中帮过我们的人之后会一直帮忙，而那些我们帮过的人却未必愿意帮忙的原因。因为后者认为自己在你那里是一个帮忙的好人形象，他不愿意失去这种形象，所以会继续帮你。这个方法在营销学中应用得特别多。比如，推销员上门推销一个东西的时候，他会先敲门，等你打开门问他干什么时，他就会说：“先生，我走了很久，又渴又热，能不能麻烦您给我倒杯水？”一般人都不会拒绝这个请求。推销员喝完水后会接着问：“先生，我今天卖的是这本书，您要不要看一看？”这时成交率会出奇地高。为什么？因为那个倒了一杯水的人已经成了推销员心目中的好人，他不希望失去这个形象，他要保持一致性，他愿意继续帮忙。所以如果推销的东西不太贵，他就会购买。也有人尝试过，上门以后要的不是水而是可乐。然而，当他第一个要求提得过高的时候，成交率就开始下降。

所以一致性武器有一种应用方法是，你可以连续问受众很多个问题，如果对方在每一个问题上的答案都是“是”，他就很容易接受你最后告诉他的那个结论，这叫一致性。比如，你害怕一个人走夜路吗？你难道不希望找到更轻松的方法保护自己吗？如果有一种安全有效且轻松的方法，让你按一下按钮就能够阻止暴徒，岂不是很好吗？我向你推荐 ×××，这是一种安全棒，用这个东西就可以阻止暴徒。当你听完前三个问题后，如果你脑海中的答案都是“是”，你就会很有可能去了解我推荐的这个东西。

我们在做帆书推广时会说：你是不是特别想读书，但是没有时间？你是不是一本书看了半年多了还停留在前几页？你是不是越想读书越觉得自己读得慢，会产生挫败感？你是不是希望自己一年能够读五十本书？如果我们有一种方法能够帮到你，在一年之内了解五十本书的精华，让你保持进步，而且花费很少，你愿不愿意了解一下呢？这连续五个问题问完，大家的回答都是“是”，这时我们再给他介绍产品，成交率就会高很多。所以学会保持一致性原则，能够帮你卖出去很多东西。

第十二个文案原则叫作实例优于数据。很多工程师出身或是学工科的男生会很理性，他们在聊天时喜欢使用数字。但当一长串的数字说出来以后，听者其实并没有感觉。比如描述一辆车：“气缸容量 6749 毫升，排量 6.7 公升，V12 前置发动机，缸径 92 毫米，豪华木饰，真皮车门，木质真皮方向盘”，听起来很酷，但是你不会有想驾驶它的冲动。

那有实例的写法是什么呢？你要站在消费者能够体验到的角度去描述这辆车。比如，这辆车拥有宽阔如客厅一样的车厢，关上那扇拱顶式的车门，准备享受少数特权者的驾驶体验。你周围都是华丽而芳香的皮革，产自国外的硬木和昂贵的威尔顿羊毛地毯，这辆车会显示出你独特的生活方式，感觉到了吗？当高达 453 马力的强劲动力召唤你释放它们时，你的肾上腺素正飞快地流过你的静脉血管。这就是用体验的方式写广告。所以，当我们写广告的时候，要更多地考虑对方拿到这个产品以后所能获得的感受。这就叫作实例优于数据，而不仅仅是冷冰冰的事实和数据。

第十三个文案原则叫作提供正反两方面信息。什么意思呢？你可以在针锋相对的产品竞争当中，同时展示自己和竞争对手。研究表明，两方面都包括在内的信息更有说服力。关键是什么呢？你既要展示双方，同时又只拥护自己一方，跟竞争对手谈论自己的这种片面广告相比，你这种兼顾正反两方面的信息的方式会显得更加深思熟虑，也更加自信。这是一个最基本的商业常识，就是当别人提到你的竞争对手的时候，千万不要说他们不行，他们那个做得好差，真的一点用都没有。这种话只会增加消费者的防备心理，他们会觉得你急于成交，认为自己应该多看一看。正常的回应应该是，他们那家公司还真是不错，他们做得也真的挺好的。你看，这种话会让消费者觉得你对竞争对手还挺公平的，没有抨击对方，那为什么你能够这么公平地对待竞争对手呢？一定是因为你有更好的东西。

所以，在你说完了前面那段话之后，一定要讲出你们的独特之处。比如，在没有发现清洁因子之前，我们的洗衣粉也需要洗很多遍才能见效，跟别人的洗衣粉没什么区别，但是现在我们有了一点改进。再如，我经常跟我老婆研究做睫毛的事，这些店都能把睫毛做得不错，唯一的差别就在于细节，比如用的是什么材料、技术如何，这就是夸完对方再提出自己到底好在哪儿。

第十四个文案原则叫作重复，让客户记住你。很多公司喜欢高频率地换新广告，因为他们的老板已经看过很多遍了，所以就会不断地换新广告。这其实是不提倡的。事实上，一个广告至少要发七八次，你的客户才有可能记住它。所以像可口可乐这样的公司，它的广告风格是长期不变的，只做一些略微的调整而已。当然，不是永远重复就是好的，可以一直重复到销售量开始出现停滞或者降低的时候。这时，你可以更换配图，更换代言人，但是风格和宗旨不要轻易地更换。

第十五个文案原则叫作使用疑问句。修辞性的疑问句其实是一种伪装成问句的陈述句，比如，还有谁想把衣服洗得更白而且毫不费力？这就是一句典型的陈述句。为什么使用疑问句会容易成为一个好的文案呢？因为我们从小接受的教育就是有人提问就要回答，这是基本的礼貌。所以，当你用疑问句跟顾客沟通时，顾客的第一反应就是给出答案，只要你问，他就会给你答案。使用疑问句有时能够改变人们的思维方式，修正他的购买行为。所以，学会把你的广告做成问句开头吧。

第十七个文案原则，也是最后一个文案原则，叫作给出足够全面的购买理由。书中提到一个有趣且有效的方法——“长度意味着力量”探索法。

很多人会觉得广告文案不是越短越好吗？对不起，那是在电视的时代，而早些的报纸时代和现在的微信时代，长文案都是非常重要的一个文案原则。只有文案足够长，能够把一件事说明白，才有可能说服顾客采取行动。电视广告之所以短是因为可呈现的时间太短，所以价格昂贵。但现在有了自媒体，你可以像我这样花 30 分钟讲一件事。只有把这个东西说得特别清楚，才有可能让它传递得更快。长文案不是问题，重点是你是不是真的传递了有效信息？

长度就意味着态度。比如锤子手机、小米手机、红米手机，全部都是长文案。你虽然没有耐心看完这些长长的文案，但你只看了一个开头，就会觉得文案这么长写得真有诚意。同样情况下，也有很多人是真的会把文案看完的，这些人就是所谓的粉丝。因此，在现在这个时代，要学会写长文案吸引顾客或粉丝。

这本书最有价值的部分是这十七个文案原则，但实际上后面还有一部分内容，是一些销售技巧。这里我也挑了几个具有代表性的技巧详细讲解。

第一个销售技巧是广告必须简明扼要、易于理解，不要用特别奇怪的名词或是学术化的话，不要用那种文绉绉的语言，要用最平实的、容易被人听懂的词。所以，《华尔街日报》的内容你可能会看不懂，但它的广告容易理解得多，因为它的用词是完全不一样的。

第二个销售技巧是消费者关心好处，而不是特色。很多人做广告强调的都是这个产品的特色。这是站在商家的角度考虑问题。这么多的特色跟消费者有什么关系？所以你要换个角度，说说这些特色对消费者有什么好处，多从消费者的好处角度进行阐述，就更容易打动他。

第三个销售技巧是把产品最大的好处放在标题里。永远记得标题是最重要的，一定要把最大的好处放在标题当中。大卫·奥格威说过："除非你的标题能帮助你出售自己的产品，否则你就浪费了90% 的金钱。"

第十九个销售技巧是与人类的惰性搏斗。促使消费者行动有两个步骤，第一步是让行动变得容易，第二步是要求对方采取行动。人们都是非常懒惰的，你如果能够让对方摁一下按钮就解决这个问题的话，就千万不要让他摁两下，摁两下就会损失一半的销售量。

第二十个销售技巧是确立独特的卖点。《定位》一书中讲过，要找到最独特的东西。

第二十三个销售技巧是披着问卷调查外衣的推销函。你知道保险公司为什么能够发展得那么快吗？因为保险公司总是先跟你做职业满意度调查：你对现在的职业满意吗？你期待的职业是什么？如果有一份工作能够让你自由支配自己的时间，并能够获得高额的收入，你觉得怎么样？这份工作会有长期的回报，你越老这份工作越值钱……你会不停地勾选，勾选到最后，你发现卖保险是最佳的选择。这就是用调查的方式让对方变成推销的结果。

第二十九个销售技巧是社论兴奋剂，让人一眼认出你就是叫卖的广告。这个就是把广告做成软文的形式。

第三十个销售技巧是把赠券用作说服工具。想要测试你的广告是否有效，不妨给它加一个优惠券，就可以使得这个广告的效果倍增。

第三十三个销售技巧是更长期的质保承诺。这种质保能够给你带来意想不到的销量。更长的质保承诺不仅可以提高你的销量，还可以为你减少退货。为什么呢？研究显示，短期的质保会让消费者摆出退货的姿态，而长期的质保会让大家对于退货期不太敏感。时间一长也就忘了，所以你可以考虑适当延长质保期。

书里还列举了二十二种有效的标题措辞，分别是免费、全新、终于、这种、通知、注意、最新发布、现在、这里有、这些、哪个、最后、请看、提出、引进、怎样、惊人的、你是否、你是否愿意、你能否、如果你、从今天开始。

这些方法都是在做广告的时候被证明有效的方法，所以你可以试一下。

还有一些重要的技巧，比如不要使用反白字，首字要放大，提供勾选方框鼓励人们参与，说一句“订购很简单”，长文案往往比短文案更有效，使用面部特写的图片会更有冲击力，使用专业美工来进行设计，等等。

这本书的作者明显没有受过严格的逻辑训练，所以把所有的技巧都堆砌上去，但是真的很实用。无论是经商，还是自我推销，甚至在公司里做汇报，这些原则都是十分有效的。

《吸金广告》这本书不仅可以帮你赚钱，还能帮你提高说服力，跟其他人建立更深度的联系！